La muerte y la mano derecha

Robert Hertz

La muerte
y la mano derecha

Selección y traducción de Rogelio Rubio Hernández
Prólogo de Manuel Delgado

Alianza editorial
El libro de bolsillo

Título original: *Contribution à une étude sur la représentation collective de la mort* (1907)
La prééminence de la main droite. Étude sur la polarité religieuse (1909)

Diseño de colección: Estrada Design
Diseño de cubierta: Manuel Estrada
Ilustración de cubierta: Lápida funeraria fenicia, Ss. IX-VIII a JC. Museo Arqueológico de Cagliari, Cerdeña
© ACI
Selección de imagen: Carlos Caranci Sáez

PAPEL DE FIBRA
CERTIFICADA

© de la selección y traducción: Rogelio Rubio Hernández, 1990
© del prólogo: Manuel Delgado Ruiz, 2024
© Alianza Editorial, S. A., Madrid, 2024
    Calle Valentín Beato, 21
    28037 Madrid
    www.alianzaeditorial.es

ISBN: 978-84-1148-773-3
Depósito legal: M. 15.854-2024
Printed in Spain

Si quiere recibir información periódica sobre las novedades de Alianza Editorial, envíe un correo electrónico a la dirección: alianzaeditorial@anaya.es

Índice

Prólogo

Fue en una de tantas matanzas estúpidas e inútiles de la Gran Guerra —el asalto a una trinchera enemiga en Marchéville, en el Mosa, en abril de 1915— en la que encontró la muerte al frente de su unidad, recién ascendido de sargento a subteniente, Robert Hertz, de 33 años. No fue el único colaborador de Émile Durkheim víctima de la guerra de 1914. También perdieron la vida Maxime David y Antoine Bianconi, además de su propio hijo, André, muerto en el frente de Salónica, y de decenas de sus alumnos de la École Normale Supérieure. Si es destacable el caso de Hertz, es por el eco póstumo que tuvo su obra, que da una idea de cómo se frustraba la carrera de un sociólogo que apenas dejaba unos cuantos trabajos, algunos inacabados, decisivos para la evolución de las ciencias sociales, en particular para la antropología. Si constituye una figura insólita y fascinante, casi legendaria, en la historia de la disciplina es porque resulta difícil encontrar otros casos de contraste tan notorios entre una obra breve y escueta y su extraordinaria influencia posterior. La de Robert Hertz sin duda lo fue y continúa siéndolo.

No solo es esa la singularidad que hace de Hertz algo más que un miembro de la escuela sociológica de Émile Durkheim. Destaca en lo que nos ha llegado de él un énfasis en la dimensión opaca y turbia de lo social que no encontramos en otros exponentes de la corriente ni en las ciencias sociales del momento. Es comprensible, por tanto, la vindicación que de su figura hicieron los autores del Collège de Sociologie a finales de los años treinta del siglo pasado, en especial, y desde su interpretación, Roger Caillois y Georges Bataille. Además, toda la etnografía francesa le debe haber sido inaugurada por él, y sus aportaciones teóricas determinan aspectos clave de la obra de autores como Louis Dumont y, por supuesto, Lévi-Strauss, de cuya obra preludia su tesis sobre la estructuración binaria prefigurada en el pensamiento humano. La antropología británica tardó más en descubrirlo, pero lo hizo con decisión y a veces con entusiasmo de la mano de Evans-Pritchard, Rodney Needham, Jack Goody o Victor Turner, que encontraron en Robert Hertz el precursor inmediato de sus trabajos sobre los sistemas duales de clasificación, la genealogía social de las ideas o la persistencia de los procesos rituales.

Hertz nace en Saint-Cloud —cerca de París— en 1881, en el seno de una familia rica, judía no practicante. Entra en 1900 en la École y se gradúa en filosofía en 1904 para integrarse enseguida en el grupo de sociólogos que Émile Durkheim reúne en torno a la revista *L'Année sociologique*, de la que asume la sección de sociología religiosa. En aquel ambiente se encuentra con Marcel Mauss —como Durkheim y el propio

Hertz, otro representante de las élites intelectuales francesas de origen askenazi—, con quien traba amistad, además de compartir una profunda afinidad intelectual. Como se ha anotado, acaso por la influencia no explícita de Nietzsche Hertz se fija en la parte oscura y sórdida de la condición social humana y busca la universalidad del problema del mal y de la muerte como desgarramientos del orden social, de los que se derivan concepciones no menos generales a propósito del pecado, la expiación, la venganza y lo que llamó «el misterio del perdón». Entre 1901 y 1906 se abandona al estudio comparativo del tratamiento de ese lado sombrío de la sociedad en diferentes civilizaciones y épocas, dedicando un período de dos años al escrutinio de los fondos bibliográficos del British Museum de Londres. De todos esos años de trabajo resulta un ingente material documental destinado a una tesis doctoral dirigida por Durkheim que Robert Hertz solo llegó a organizar de manera parcial. Un fragmento de esa labor fue reconstruido y completado por Marcel Mauss y se publicó en 1922 en la *Revue de l'histoire des religions* con el título de *Le péché et l'expiation dans les sociétés primitives*[1].

No fue este el único estudio que Robert Hertz dejó inconcluso. En el verano de 1912 aprovecha unas vacaciones montañeras en los Alpes Grayos italianos para iniciar una compilación de leyendas y cultos relacionados con las rocas y los manantiales alpinos. De aquella intención solo aparecerá una monografía sobre la peregrinación de los habitantes del valle de Soana y del pueblo de Cogne —en el valle de Aosta— al santuario dedicado a san Besse en la cima del

---

1. Traducción al español en *Revista de Occidente*, n.º 222, 1992, pp. 17-36.

monte Fautenio, en el macizo del Gran Paradiso. Se trata de «Saint-Besse, étude d'un culte alpestre», aparecido en la *Revue de l'histoire des religions* en 1913[2], un modelo vigente de cómo abordar una costumbre religiosa tradicional más allá de la perspectiva pintoresquista de los estudios sobre folklore. Fue Hertz quien desveló antes que nadie hasta qué punto una —en apariencia— irrelevante celebración popular dramatiza la complejidad de esa misma vida social cuya fuerza reafirma y vivifica cada año, incluyendo conflictos intercomunitarios y territoriales de los que la fiesta es también expresión. Ese ejercicio de etnografía —enriquecido con elementos hagiográficos, históricos, lingüísticos y geográficos— hace de Robert Hertz el introductor de la investigación empírica en la escuela sociológica francesa.

Esta sensibilidad naturalista de Hertz —exaltada ahora como seminal— conocerá expresiones conmovedoras, como los cuentos y dichos que recoge de los soldados bajo su mando en el frente, tomadas las últimas notas un mes antes de caer. Se publicó póstumamente con el título de «Contes et dictons recueillis sur le front» en la *Revue des traditions populaires,* en 1917, y luego en el volumen *Sociologie religieuse et folklore*, en 1928, una compilación de textos preparada por su maestro y amigo Marcel Mauss y la esposa de Hertz, Alice.

Las aportaciones más reconocidas de Robert Hertz son los dos artículos reunidos en el presente volumen: «Contribution à une étude sur la représentation collective de la mort», publicado en *L'Année sociologique* en 1907, y «La

---

2. Traducido como *San Besse. Etnografía, historia y ritual*, Archivos del Índice, Cali, 2006.

prééminence de la main droite: étude sur la polarité religieuse», que apareció en la *Revue philosophique* en 1909. Ambos textos están guiados por la misma premisa básica de la escuela sociológica de Émile Durkheim, tal y como aparece desarrollada en *Les formes élémentaires de la vie religieuse* (1912, trad. esp. *Las formas elementales de la vida religiosa*, en esta colección): la génesis de nuestras concepciones y de nuestros sentimientos es social y, coincidiendo en eso con Marx y Engels —con quienes comparte la consideración de lo colectivo como ontológicamente superior a lo individual—, no es nuestra manera de pensar la que condiciona nuestra relación con el mundo, sino que son nuestras condiciones objetivas de existencia en sociedad las que le imponen sus gravitaciones a nuestra percepción de la realidad. En cualquier caso, en estos dos artículos Hertz demuestra una originalidad crítica que coloca sus intuiciones más allá del pensamiento durkheimiano.

El primero de los textos mencionados parte de un descubrimiento del máximo valor. La muerte es un hecho biológico, pero, sobre todo, es una construcción social. De ahí que podamos hablar de alguien diciendo que «está muerto», un presunto sinsentido que constata la convicción que compartimos de que estar muerto es una forma de estar, es decir, de existir, de formar parte del mundo de los vivos. A una experiencia a la que solemos asociar todo tipo de concomitancias emocionales y psicológicas, Hertz aplica otro presupuesto teórico durkheimiano: a los hechos sociales les corresponden explicaciones sociales y, en tanto que la muerte lo es, la clave para entender las afecciones y conductas que suscita ha de ser igualmente social. Así, como escribiría Radcliffe-Brown más tarde, no deberíamos decir que una religión existe como respuesta a una supuesta ansiedad ante la muerte; es el miedo y la angustia que la muerte nos produce el precipitado anímico de ideas socialmente inducidas, por ejemplo, a través de la religión.

Según Hertz, el fallecimiento de una persona requiere pompas fúnebres. Cambian con el tiempo y de sociedad en sociedad, pero siempre y en todos sitios la desaparición de una persona implica una perturbación que es preciso gestionar colectivamente. De ahí la ejecución de protocolos que expresan aflicción subjetiva, sin duda, pero ante todo la perplejidad de una sociedad que, en tanto que tal, no puede concebir la muerte, puesto que la sociedad no muere ni se pudre como los cuerpos humanos en los que se encarna. El desorden amoral que la muerte introduce en el grupo es combatido mediante las representaciones colectivas —ese concepto básico en el vocabulario durkheimiano— de que esta es objeto, que ponen en comunicación la esfera del tiempo mortal de los individuos vivientes y el inmortal de los ancestros, que es el de una sociedad que solo se puede comprender a sí misma como imperecedera.

Hay que remarcar que el artículo de Hertz sobre la consciencia colectiva relativa a la muerte contempla un esquema que es idéntico al que, dos años después, en 1909, formalizará el folklorista Arnold van Gennep en su *célebre* libro *Les rites de passage* (*Los ritos de paso*, también en esta misma colección), a propósito de las ceremonias de iniciación en que un individuo se mueve entre un estatus social y otro. Para Hertz, el paso de vivo a muerto funciona como una situación de intervalo —lo que Van Gennep llamará «fase liminal»— en la que el neófito —en este caso el difunto— no está ni vivo ni definitivamente muerto, sino atravesando un paraje indefinido en el que ya no es lo que era —un ser viviente—, pero tampoco lo que le espera: antepasado.

Robert Hertz habla de tales cuadros de umbral como «períodos intermedios». Estos atañen de manera diferente, pero conectada, a los diferentes protagonistas de la muerte, los cuales reciben atributos y atribuciones de sacralidad, de impureza y de alarma. Por una parte, el cuerpo físico sin vida, el cadáver y la disolución que experimenta, que puede ser de golpe o prolongada. Ello implica distintos tratamientos ceremoniales de los restos —embalsamamiento, entierro, cremación, endocanibalismo— cuyo incumplimiento constituye profanación. Por otra, el alma como aquella parte del ser que, de algún modo, sigue viviendo sin lo que fue su cuerpo, al que no acaba de renunciar del todo. En ese lapso se imagina al difunto recorriendo el territorio tenebroso que antecede al reino de los muertos. En tal estado de desagregación corresponde a sus parientes acompañarlo en el viaje atendiendo sus necesidades, pero protegiéndose de un retorno que materializaría la sombra del muerto como un visitante o huésped indeseado. El alma en pena o el espectro son figuras que, entre nosotros, informan del terror que despierta la intranquilidad de los fallecidos antes de extinguirse por completo. Por último, están los deudos del extinto, que participan de la mancha que ha generado la muerte de este y aparecen contaminados de su misma corrupción. Se apartan y se los aparta, puesto que la desorganización provocada por la desaparición de un miembro de la familia los obliga también a ellos a permanecer entre paréntesis, adoptar las formas de luto prescritas y someterse a diferentes tabúes.

Es como si la comunidad no pudiera aceptar el fin de la vida porque, al imaginar el cuerpo y el alma humanas como su resumen, tendría que reconocer en esa muerte particular la muerte del grupo entero como tal, lo cual es imposible por inaceptable. Puesto que la sociedad no puede morir, tampoco pueden perderse para siempre aquellos en quienes se concreta. La muerte se cura mediante representaciones análogas a lo que en la tradición cristiana se conoce como la resurrección de la carne y la vida eterna, que es el renacer a perpetuidad del conjunto de la sociedad en una existencia liberada de todo mal. Entre los dayaks y en otras sociedades se llevan a cabo unas segundas exequias que señalan esa culminación del camino lúgubre entre el mundo de los vivos y ese mundo mítico de los muertos que acepta albergar para siempre al difunto. Este puede recibir sepultura definitiva y descansar en paz, al tiempo que sus allegados son relevados de sus obligaciones rituales como deudos. Se otorga así a la vida la última palabra y, concluye Hertz, se proclama el triunfo final de esta sobre la muerte.

El otro texto es no menos trascendente y lo integra una disquisición sobre el privilegio de la mano derecha sobre la izquierda en tantas sociedades conocidas. Tenemos aquí un ejercicio teórico comparativo en torno a la expresión somática de la bipolarización a la que el ser humano, según Hertz, somete al conjunto del universo, siguiendo un imperativo que es social en su contenido e intelectual en su lógica. Cabe entenderlo como coherente con la importancia concedida por Durkheim y Mauss a los sistemas taxonómicos como proyección de la organización de la sociedad y, antes o más allá, como exigencia ordenadora del espíritu. Hertz traslada al cuerpo las oposiciones que Durkheim había percibido como generalizadas entre lo sagrado y lo profano y lo puro y lo impuro, y se anticipa a las argumentaciones de

Marcel Mauss sobre el papel del cuerpo humano como réplica de las estructuras orgánicas y simbólicas que dispone cada sociedad, con las que mantiene una relación de correspondencia. En este caso, Hertz razona que, en realidad, lo que hacen algunos hechos aceptados como «naturales» es naturalizar imposiciones sociales mostrándolas como irrevocables. En el antagonismo entre las dos manos, una diferencia anatómica sirve para convertir en inexorable una jerarquía moral que le da preferencia a la derecha sobre la izquierda, haciendo que a la primera le corresponda el bien, la virtud y la luz, y a la izquierda todo lo triste, inútil y maligno. Incapaz por definición de destreza, a la mano izquierda solo le restaba ser torpe y siniestra «por naturaleza».

Cierto que desde Broca no se había discutido que era el funcionamiento de los hemisferios cerebrales lo que determinaba la preeminencia de la mano derecha sobre la izquierda. La ciencia neurológica había sentenciado que somos diestros de mano porque somos zurdos de cerebro, actuando como una nueva mística que sancionaba como incontrovertible una distribución del espacio a la que a una vertiente se le fijaban competencias y dignidades más elevadas que a la otra. Frente a ese dogma exhibido como científico, Hertz invierte su lógica e insiste en que, por el contrario, es la autoridad socialmente inclinada a la derecha la que ha forzado al sistema nervioso a adaptarse a sus dictados. La hegemonía de la mano derecha no es la consecuencia de una asimetría fisiológica natural, sino de una desventaja social que asigna al lado izquierdo cualidades negativas y denegatorias.

De un modo que podría antojarse paradójico, el determinismo social de la escuela durkheimiana del que Robert Hertz participaba, lejos de devenir en una condena al inmovilismo y la resignación, concibe la realidad como predispuesta para que en ella se desencadene en cualquier instante el cambio social, siempre que este sea, en efecto, social, esto es, no resultado de la voluntad individual, sino consecuencia de la voluntad colectiva. Si el prestigio de la derecha fisiológica y el descrédito de su izquierda son efecto de factores procurados por la organización social y sus esquemas de acción y aprehensión, es de estos de los que cabe esperar su superación.

Razones tenía Hertz para sentirse interpelado por la mala reputación de la izquierda, porque es esa su latitud en la topografía política de la Francia de la época. Hereda una gran fortuna de su familia, pero se siente profundamente impresionado por la revuelta de los trabajadores viticultores del Languedoc, que, en junio de 1908, se manifiestan por cientos de miles en Montpellier y contra quienes los soldados se niegan a disparar. Junto con Mauss, Henri Beuchat, Maurice Halbwachs y Henri Hubert conforma el círculo socialista de *L'Année sociologique*, muy influenciados por Lucien Herr y el programa de la Sociedad Fabiana inglesa. Dirige *Les Cahiers du socialisme,* colabora con la *Revue Syndicaliste* y funda y anima el Groupe d'études socialistes. También colabora con *Notes Critiques, Sciences Sociales*, una especie de *L'Année sociologique* socialista. Para Hertz el socialismo es tanto una postura política como un método de investigación y una vía de conocimiento. Decididamente, Robert Hertz fue un hombre de izquierdas y previsible resultaba que alguien como él, un joven sabio de «espíritu elevado y riguroso..., de una rara altura», como lo describía Durkheim, no aceptara ser instalado en la mitad indigna e inferior del cosmos entero. ¿Por qué su implicación contra la realidad social y política que le rodeaba debía colocarlo en el elemento denigrado del binomio izquierda/derecha que su propia calidad humana desmentía?

Eso explica la conclusión del artículo de Robert Hertz sobre la preeminencia de la mano derecha: esta no es un rotundo hecho biológico; es la incorporación —al pie de la letra, introducción en el cuerpo— de una inequidad social. La mano derecha manda y desprecia a la izquierda. Quizás haya sido siempre así, pero no tiene por qué serlo para siempre. Son los seres humanos quienes colectivamente lo han acordado de esta manera y es a ellos a quienes, en sociedad, corresponde, llegado el momento, desobedecer esa regla para transmutarla y convertirla en otra cosa. Se podría añadir al cierre del artículo que no solo es el valor desigual atribuido a los dos polos del binarismo —incluyendo masculino/femenino, por ejemplo— lo que se considera un producto social, puesto que el propio binarismo no es un principio esencial del pensamiento humano, como se ha pretendido, sino otro mandato del orden social que puede ser modificado si este se modifica.

Hertz escribe su artículo cuando se están desarrollando experimentos pedagógicos que advierten de la plasticidad del cerebro, debidamente entrenado, para hacernos ambidiestros. Nada justifica, por tanto, los correctivos a los que se somete a los niños zurdos como portadores de una anomalía a corregir. De ahí que Hertz acabe su artículo con toda una declaración de principios: es preciso, proclama, luchar por una «humanidad dotada de dos manos derechas..., liberadas las energías que duermen en nuestro lado izquierdo y en nuestro hemisferio derecho». Algo que solo será po-

Manuel Delgado

sible, sigue, en una «comunidad liberada», esto es, en una sociedad consciente de que depende de sí misma, emancipada de las servidumbres a una falsa naturaleza y a una ciencia que, afirmando estudiarla, es la que la ha inventado.

Manuel Delgado

Contribución a un estudio sobre la representación colectiva de la muerte

Por lo que tiene de acontecimiento familiar y la intensa emoción que suscita, todos creemos saber de sobra lo que es la muerte. Resultaría ridículo y sacrílego poner en duda el valor de ese conocimiento íntimo, y querer razonar sobre una materia en la que solo el corazón es competente. Sin embargo, ciertos problemas relativos a la muerte no pueden ser resueltos por el sentimiento, porque los ignora. Para los propios biólogos la muerte no es algo dado, simple y evidente, sino un problema que se le plantea a la investigación científica[1]. Pero cuando se trata de la muerte de un ser humano los fenómenos fisiológicos no lo son todo, pues al acontecimiento humano se sobreañade un conjunto complejo de creencias, emociones y actos que le dan un carácter propio. Ante el hecho de la vida que se extingue nos enfrentamos con un lenguaje particular: es el alma, se dice,

---

1. Cf. Dastre, *La vie et la mort,* pp. 296 y ss.

que parte hacia otro mundo, donde se reunirá con sus padres. El cuerpo de un difunto no se considera como el cadáver de un animal cualquiera, pues hay que proporcionarle unos cuidados concretos y una sepultura regular, no solo como medida de higiene, sino por obligación moral. Además, la muerte abre para los supervivientes una etapa lúgubre durante la cual se les imponen deberes especiales. Cualesquiera que sean sus sentimientos personales, se verán obligados durante cierto tiempo a manifestar su dolor, cambiando el color de sus vestidos y modificando su género de vida habitual. En definitiva, la muerte tiene para la conciencia social una significación determinada y constituye un objeto de representación colectiva. Pero dicha representación no es simple ni inmutable. Así pues, convendría analizar sus elementos y buscar su génesis. A este doble estudio nos gustaría precisamente contribuir.

La opinión más extendida en nuestra sociedad es que la muerte se cumple en un instante. El plazo de dos o tres días que se intercala entre el deceso y la inhumación no tiene otro objeto que el de permitir los preparativos materiales y la convocatoria de parientes y amigos. Ningún intervalo separa la vida por venir de la que acaba de apagarse, pues inmediatamente después de exhalar el último suspiro el alma comparece ante su juez y se prepara para recoger el fruto de sus buenas obras o expiar sus pecados. Después de esta brusca catástrofe comienza un luto más o menos prolongado, y en determinadas fechas, especialmente al finalizar el año, se celebran ceremonias conmemorativas en honor del difunto. Esta concepción de la muerte y la manera de sucederse los acontecimientos que la constituyen y la siguen nos son tan familiares, que apenas imaginamos que puedan no ser necesarios.

Pero los hechos que presentan numerosas sociedades menos avanzadas que la nuestra no entran en el mismo esquema. Como indicaba Lafitau, «en la mayor parte de las naciones salvajes los cuerpos muertos solo están en la sepultura donde se les colocó en principio a modo de depósito, ya que después de cierto tiempo son objeto de nuevas exequias y se termina de cumplir con ellos por medio de nuevos deberes funerarios»[2]. Esta diferencia en las prácticas no es, como veremos, un simple accidente, sino que exterioriza el hecho de que la muerte no siempre es representada y sentida como lo es entre nosotros.

En las páginas que siguen intentaremos dar cuenta del conjunto de creencias relativas a la muerte y sus prácticas funerarias, con especial atención al caso de las dobles exequias. A tal efecto nos serviremos en primer lugar exclusivamente de lo que ocurre en los pueblos indonesios, sobre todo entre los dayaks de Borneo[3], donde el fenómeno se presenta bajo una forma típica, para mostrar después, con ayuda de documentos relativos a otras provincias etnográficas, que no se trata de hechos puramente locales. Seguire-

---

2. *Moeurs des Sauvages Amériquains* (1724), t. II, p. 444.
3. Dicha institución es relativamente bien conocida entre los dayaks. Grabowsky reunió los documentos relativos a los dayaks del sureste (olo ngadju y ot danom), añadiendo algunas observaciones personales, en un artículo precioso, sobre el que habría que mantener ciertas reservas: «Der Tod, das Begräbnis, das *Tiwah* oder Todtenfest... bei den Dajaken» (*Internat. Archiv f. Ethnog.*, II, pp. 177 y ss.). En él podemos encontrar una bibliografía, aunque la mejor fuente sigue siendo Hardeland, que ha publicado, como apéndice a su *Gramática dayak* (Ámsterdam, 1858), el texto completo y la traducción literal de un gran número de cantos y fórmulas recitadas por las sacerdotisas en el transcurso del *Tiwah*.

mos en nuestra exposición el orden de los hechos, tratando en primer lugar sobre el período que transcurre entre la muerte (en el sentido usual del término) y las exequias definitivas, para estudiar después la ceremonia final.

1. El período intermedio

Podríamos agrupar en tres epígrafes las nociones y prácticas a que da lugar la muerte, según se refieran al cuerpo del difunto, a su alma o a los supervivientes. Tal distinción no tiene un valor absoluto, pero facilita la exposición de los hechos.

a) *El cuerpo: la sepultura provisional.—* Los pueblos del archipiélago malayo que aún no han sufrido muy profundamente la influencia de civilizaciones extranjeras, no acostumbran a transportar inmediatamente el cadáver a su última sepultura hasta que se cumpla un período más o menos largo, durante el cual el cuerpo permanecerá depositado en un asilo temporal.

Entre los dayaks parece haber existido la norma de conservar los cadáveres de jefes y gente rica en el interior de sus casas hasta las exequias definitivas, momento en que encerraban el cuerpo en un féretro cuyos resquicios se obstruían con ayuda de una sustancia resinosa[4]. El gobierno holandés, por razones de higiene, prohibió esta práctica, al menos en algunos distritos; pero, aparte de la intervención extranjera, causas muy diferentes debieron restringir la extensión de ese modo de sepultura provisional: el hecho de hacer residir al muerto con ellos obliga a los vivos a proporcionarle toda clase de cuidados a modo de velatorio permanente, lo que requiere mucha gente y gastos elevados[5], como ocurre en menor medida en Irlanda o entre nuestros campesinos. Además, la presencia de un cadáver en la casa impone muchas veces a los habitantes tabúes rigurosos, hecho tanto más molesto si pensamos que la gran casa dayak muchas veces constituye por sí misma toda la aldea[6]. Pero hoy en día esta exposición prolongada es excepcional.

A los muertos que no merecen tan pesados sacrificios se les proporciona cobijo depositando el féretro, tras una exposición de varios días, en una casa miniatura de madera elevada sobre postes[7] o bien sobre una especie de estrado

4. Cf. sobre los olo ngadju, Grabowsky, *Tiwah*, p. 182; sobre los olo maanjan, Tromp, «Das Begräbnis bei den Sihongern», en *Berichte der Rheinischen Missionsgesellschaft* (1877), p. 48; sobre los dayaks de Koetei, Tromp, «Uit de salasila van Koetei», en *Bijdr. tot de Taal, Land en Volkenk, van Nederl. Indië*, 5.ª, v. III, p. 76, y Bock, *The Head Hunters of Borneo*, pp. 141-142; sobre los kayans, ribereños del Tinjar, Hose, en Ling Roth, *The Natives of Sarawak*, t. I, p. 148; sobre los longkiputs del río Baram, Kükenthal, *Ergebnisse einer... Forschungsreise in den Molukken und in Borneo*, p. 270; sobre los skapans, Brooke Low, en Roth, *ibid.*, pp. 152-153; sobre los dusuns y muruts del norte de la isla, *ibid.*, pp. 151 y 153.
5. Grabowsky, *Der Distrik Duson-Timor, in Ausland* (1884), p. 474; Tromp, *Sihong*, pp. 47 y ss.
6. Cf., por ejemplo, Nieuwenhuis, *Quer durch Borneo*, I, p. 27.
7. Cf. Tromp, *Koetei*, p. 76; según Salomon Müller (*Reis in het Zuidelijk gedeelte van Borneo, en Verhandlingen ov. de Natuurlijke Geschiedenis der Nederl, overzeesche Bezittingen, afd. Land en Volkenk*, p. 402), entre los olo

protegido simplemente por un techo[8]. Esta sepultura provisional se encuentra a veces en las cercanías de la casa mortuoria, pero normalmente se construye bastante lejos, en un lugar aislado en medio de la selva[9]. Así el muerto, aunque ya no tenga su sitio en la casa de los vivos, posee al menos su pequeña casita, análoga[10] a las que habitan temporalmente las familias dayaks cuando el cultivo del arroz les obliga a diseminarse sobre un vasto territorio[11].

Este modo de sepultura provisional, aunque sea al parecer el más expandido en el archipiélago malayo, no es el único existente. Quizás incluso se derive de otro más antiguo que se adivina en ciertos detalles como[12] la exposición del cadáver envuelto en una corteza sobre las ramas de un árbol. Pero a veces, en lugar de exponer el féretro al aire, prefieren enterrarlo más o menos profundamente para ex-

ngadju ribereños del Bejadjoe, el féretro se deposita con otros muchos en una sepultura colectiva, el *sandong raung;* pero Hardeland contradice este testimonio [*Dajaksch-deutsches Wörterbuch* (1859), p. 503] afirmando expresamente que el féretro *(raung)* no se transporta a la sepultura colectiva o *sandong* hasta la ceremonia final. En todo caso, aunque el hecho relatado por Müller sea exacto, es excepcional, pues la regla es que durante el período de espera el féretro permanezca aislado.

8. Cf., por ejemplo, Grabowsky, *Tiwah,* pp. 181-182.

9. Hardeland, *Versuch einer Grammatik der dajakischen Sprache,* p. 350; Perelaer, *Ethnographische beschrijving der Dajaks,* pp. 224-225.

10. Esta recibe el mismo nombre entre los olo ngadju: *pasah;* cf. Hardeland, *Wörterbuch,* para esta palabra. Entre los alfourous del norte de Halmahera, la sepultura temporal se llama «la casa del muerto»; De Clercq, «Dodadi Mataoe», en *Inter nat. Arch. f. Ethnogr.,* II, p. 208.

11. Cf. en particular Nieuwenhuis, *op. cit.,* p. 162.

12. Para Timor-Laut, Riedel, *De sluik- en kroesharige rassen tusschen Selebes en Papua,* pp. 305-306; para Timor, Forbes, *A naturalist's wanderings in the Eastern Archipelago,* p. 434; sobre los toumbuluhs de la Minahassa, cf. Riedel, «Alte Gebräuche... bei dem Toumbulushtamm», en *Intern. Arch. f. Ethnogr.,* I, pp. 108-109.

humarlo después[13]. Sin embargo, cualquiera que sea la variedad de estas costumbres que a menudo coexisten en una misma localidad superponiéndose entre sí, el rito permanece constante en lo que tiene de esencial: el cuerpo del difunto se deposita provisionalmente en espera de las segundas exequias en un lugar distinto al de la sepultura definitiva, que casi siempre es un lugar aislado.

Este período de espera tiene una duración variable. Si nos referimos únicamente a los olo ngadju, algunos autores mencionan un plazo de siete u ocho meses al año entre la fecha de la muerte y la celebración de la ceremonia final o *Tiwah*[14]. Pero esto, según Hardeland[15], es un mínimo que casi siempre se sobrepasa, pues el plazo ordinario es de cerca de dos años, y a veces mayor, llegando a transcurrir en múltiples ocasiones cuatro, seis[16] o incluso diez[17] años, antes de rendir los últimos honores al cadáver[18]. Este anormal aplazamiento de un rito, tan necesario para la paz y el bienestar de los supervivientes como para la salvación del muerto, se explica por la importancia de la fiesta que está obligatoriamente vinculada a él; esta conlleva preparativos materiales

13. Los olo ngadju solo practican el enterramiento si prevén que antes de las segundas exequias transcurrirá un largo período de tiempo. Dado que el féretro correría el riesgo de caerse, al estar elevado por encima del suelo, lo que sería considerado funesto para la familia, los olo ngadju construyen sobre la tumba una pequeña choza. Grabowsky, *Tiwah,* p. 182. Entre los olo maanjan, el enterramiento es la regla siempre que no se guarde el cadáver en casa; Tromp, *Sihong,* p. 46.
14. Halewijh, en Grabowsky, *Tiwah,* p. 182.
15. *Wörterbuch,* para la palabra *Tiwah.*
16. S. Müller, *op. cit.,* p. 402.
17. Hardeland, *ibid.*
18. En Timor, según Forbes *(op. cit.,* p. 434), el plazo es a veces de un siglo entero (para los jefes importantes); la obligación de celebrar los funerales se transmite así de padres a hijos, con la herencia.

muy complicados que suelen durar un año o más[19], pues exige considerables recursos tanto en especie como naturales (víctimas para sacrificar, vituallas, bebida, etc.) que raramente se tienen disponibles y han de ser previamente atesorados por la familia. Además, una vieja costumbre, aún respetada por numerosas tribus del interior, prohíbe celebrar el *Tiwah* antes de haberse procurado una cabeza humana cortada en fechas recientes, cosa que lleva su tiempo, sobre todo después de la molesta intervención de los europeos. Pero estas causas de orden externo que dan cuenta de los largos retrasos que muchas veces sufre la celebración del *Tiwah* no bastan[20] para explicar la necesidad de un período de espera ni para determinar el plazo. Incluso suponiendo cumplidas todas las condiciones materiales requeridas para las exequias definitivas, estas no podrían tener lugar inmediatamente después de la muerte, pues conviene esperar a que la descomposición del cadáver haya terminado y queden solo los huesos[21]. Este motivo no aparece en primer plano entre los olo ngadju y otros pueblos indonesios, debido a la enorme amplitud que cobra en ellos la fiesta de las exequias con los costosos y largos preparativos que requiere[22]. Pero en otras tribus la obligación de esperar a que los

19. Grabowsky, *ibid.*, p. 188.
20. Así lo piensa Wilken: *Het Animisme,* pp. 77 y ss. y 92; y «Ueber das Haaropfer», en *Revue coloniale,* III, pp. 255 y ss., IV, pp. 347 y ss.
21. S. Müller, *loc. cit.:* Hardeland, *Wörterb.,* para la palabra *Tiwah.*
22. Algunos autores explican exclusivamente la exposición provisional del cadáver por la amplitud de los preparativos necesarios y la dificultad de procurarse víctimas para el sacrificio; cf. para los bataks, Hagen, *Beiträge zur Kenntniss der Battareligion,* en *Tijdschr. v. Ind. Taal Land en Volkenk.,* XXVIII, p. 517, y Rosenberg, *Der Malayische Archipel,* p. 27; para los niassais del norte, Rosenberg, *ibid.,* p. 156; para Timor, Forbes, *op. cit.,* pp. 434 y ss.; para las islas Kei, Rosenberg, *ibid.,* p. 351.

huesos estén secos para proceder al rito definitivo es sin duda alguna la causa directa de la demora y lo que limita su duración[23]. Por tanto, podríamos pensar que normalmente el período transcurrido entre la muerte y la ceremonia final corresponde al tiempo que se juzga necesario para que el cadáver pase al estado de esqueleto, aunque a veces intervengan causas secundarias que prolongan indefinidamente esta dilación.

Un hecho que demuestra que el estado del cadáver no carece de influencia sobre el ritual funerario es el cuidado con que los supervivientes tapan herméticamente las grietas del féretro y aseguran la salida de las materias pútridas al exterior cauterizándolas al sol o recogiéndolas en una vasija de barro[24]. Es decir, que no se trata de una preocupación por la higiene (en el sentido que damos nosotros a esa palabra) y ni siquiera de una preocupación exclusiva por apartar los olores fétidos. (No debemos atribuir a esos pueblos sentimientos y escrúpulos de olor que les son extra-

23. Este es precisamente el caso de los milanaus, los dusuns y los murus en Borneo, Ling Roth, *op. cit.,* pp. 150-152; de los longkiputs, Kükenthal, *op. cit.,* p. 270; de los dayaks del oeste, ribereños del Kapoeas, Veth, *Borneo's Wester Afdeeling,* II, p. 270; de los ot danom, Schwaner, *Borneo,* II, p. 151; de los bataks Oran-Karo, en Sumatra, Hagen, *ibid.,* p. 520; en Timor-Laut, Forbes, *op. cit.,* pp. 322 y ss., y Riedel, *Sluik-en kroesharige rassen,* pp. 305-306; en Buru, Forbes, p. 405; de los alfourous del este de las Célibes, Bosscher, en Wilken, *Het Animisme,* p. 179; en el norte de Halmahera, De Clercq, *op. cit.,* p. 208; en la isla de Babar, Riedel, *ibid.,* p. 359.
24. A este efecto se pasa un tubo de bambú por un agujero practicado en el fondo del féretro; cf., por ejemplo, sobre los olo ngadju, Grabowsky, *Tiwah,* p. 181; sobre los bataks, Van der Tuuk, *Bataksch Woordenboek,* p. 165; sobre los alfourous del distrito de Bolaang-Mongoudou, Wilken y Schwarz, «Allerlei over het land- en volk», en *Mededeel, v.w.h. Nederl. Zend. Gen.,* XI, p. 323.

ños[25].) Una fórmula pronunciada con diversas variantes en el *Tiwah* nos indica el móvil verdadero de estas prácticas: en ella la putrefacción del cadáver se asimila al «rayo petrificante», dado que amenaza también de muerte repentina a las gentes de la casa a las que alcance[26]. De hecho, si se preocupan tanto de que la descomposición se lleve a cabo, por así decirlo, en un recipiente cerrado, es para impedir que la mala influencia residente en el cadáver que forma cuerpo con los olores pueda expandirse fuera y dañar a los supervivientes[27]. Por otra parte, si se evita que las materias pútridas queden en el interior del féretro es porque el propio muerto, a medida que progresa la desecación de sus huesos, debe ser poco a poco liberado de la infección mortuoria[28].

La importancia mística que conceden los indonesios a la disolución del cuerpo se manifiesta aún en las prácticas que atañen a los productos de la descomposición. Los olo ngadju

---

25. Cf. Low, *Sarawak,* p. 207: «El repugnante olor que produce la descomposición, a juzgar por lo que muchas veces me han dicho los Dayaks, es particularmente agradable a sus sentidos». En este pasaje se refiere al cadáver o más bien a la cabeza cortada de un enemigo.

26. Hardeland, *Grammatik,* p. 218 (y el comentario). Meyer y Richter («Die Bestattungsweisen in der Minahassa», en *Abhandlungen des Museums z. Dresden,* IX, *Ethnogr. Miscellen,* I, 6, p. 110, n. 1) sugieren que el cierre hermético del féretro quizá tuviera el objeto de impedir la temida salida del alma del muerto; añaden que el olor de la descomposición podría ser considerado como signo de la presencia del alma. El texto transcrito por Hardeland parece demostrar que, en efecto, el temor de un peligro místico es claramente el móvil determinante y que es inútil traer a colación la noción del alma del muerto.

27. Perham, en Roth, I, pp. 204 y 210, para el tema de los dayaks marítimos que practican el entierro inmediato: «El cuerpo de un muerto no se llama ni cuerpo ni cadáver; es un *antu* (espíritu), y si los vivos lo mantuvieran mucho tiempo cerca de ellos, se expondrían a siniestras influencias sobrenaturales».

28. Cf. *infra,* p. 39.

rompen el recipiente donde están recogidos, cuando celebran las segundas exequias, y depositan los fragmentos con los huesos en la sepultura definitiva[29]. La costumbre que siguen los olo maanjan es más significativa: cuando el cadáver se guarda en casa, cuarenta y nueve días después de la muerte se abre el recipiente y examinan el contenido: «Si encierra demasiadas materias se inflige un castigo a[30] los parientes (del muerto) que no han cumplido con su deber». A continuación se vuelve a colocar el recipiente en el féretro, que permanece en la casa hasta la ceremonia final[31]. Evidentemente este rito es una supervivencia, y para conocer su verdadero sentido bastará compararlo con las prácticas observadas en otros puntos del archipiélago malayo. En la isla de Bali, que ha sufrido profundamente la influencia hindú, se acostumbra a guardar el cuerpo en casa durante varias semanas antes de incinerarlo. El féretro está agujereado en el fondo «para dar salida a los humores, que, recogidos en un barreño, se vacían cada día con gran ceremonia»[32]. Finalmente, en Borneo también los dayaks del Kapoeas recogen en platos de tierra los líquidos procedentes de la descomposición y los mezclan con el arroz que los parientes cercanos al muerto comen durante el período fúnebre[33]. Pero será me-

29. Grabowsky, *Tiwah,* p. 181; según Salomon Müller, *loc. cit.,* el recipiente se entierra en el mismo sitio donde se ha practicado la cremación de los restos del cadáver.
30. Esta vaga indicación significa con toda seguridad que en ese caso los padres no pueden ser relevados de los tabúes y observancias del duelo.
31. Tromp, *Sihong,* p. 48; cf. Grabowsky, *Duson-Timor,* p. 472.
32. Relación de una embajada holandesa en Bali en 1633, en *Histoire générale des Voyages,* t. XVII, p. 59; cf. Crawford, *History of the Indian Archipelago,* p. 255.
33. Ritter, en Veth, *op. cit.,* II, p. 270. Para que la comparación entre los dayaks del oeste y los olo maanjan sea más completa, hay que añadir que

jor reservarnos la interpretación de estos usos, pues los volveremos a encontrar más extensos y complejos fuera del área que estamos estudiando. Concluyamos simplemente, de manera provisional, que los indonesios atribuyen una significación particular a los cambios que se producen en el cadáver, y que sus representaciones al respecto les impiden concluir inmediatamente los ritos fúnebres e imponen a los supervivientes precauciones y observaciones muy definidas.

Hasta que el rito final no se celebra, el cadáver está expuesto a graves peligros. Etnógrafos y folkloristas están familiarizados con la creencia de que en ciertos momentos el cuerpo está especialmente expuesto a los ataques de los malos espíritus y a todas las influencias nocivas que amenazan al hombre[34], lo que obliga a reforzar con procedimientos mágicos su menguada capacidad de resistencia. El período posterior a la muerte presenta en un alto grado esta característica crítica, lo que hará necesario exorcizar el cadáver y

entre estos últimos, durante los cuarenta y nueve días que preceden a la extraña ceremonia que hemos comentado, los parientes más próximos del muerto deben comer en lugar de arroz el «djelaï», cuyos granos pequeños y de color marrón tienen un *olor bastante desagradable* y muy mal gusto (Tromp, *ibid.,* pp. 47 y 44). Si comparamos este detalle con el rito del cuadragésimo nono día, podríamos pensar que el «djelaï» de los ribereños del Sihong es el sustituto (tras la desaparición de la antigua costumbre) del arroz impregnado de sustancia cadavérica impuesto a los dayaks occidentales. Tal hipótesis no es indispensable para nuestra interpretación, pues el «deber» del que hablábamos en el anterior pasaje, al que no debían faltar los parientes, era no permitir que se acumularan las materias en el recipiente, y comer cada uno su parte. El rito se ha convertido ulteriormente en una formalidad arbitraria. En ciertas islas del archipiélago de Timor-Laut (o islas Tanimbar), los indígenas se frotan el cuerpo con líquidos provenientes del cadáver de sus parientes cercanos o de los jefes; Riedel, *Sluik- en kroesharige rassen,* p. 308.
34. Por ejemplo, el cuerpo del niño durante algún tiempo después del nacimiento, o de la mujer durante la menstruación.

protegerlo contra los demonios. Esta preocupación inspira, al menos en parte, las abluciones y los ritos diversos a los que el cuerpo es sometido inmediatamente después de la muerte (por ejemplo, el uso extendido de cerrar los ojos y las demás aberturas del cuerpo con monedas o perlas)[35]. Además, impone a los supervivientes la carga de hacer compañía al muerto durante esta fase temible y «velar» a su lado, haciendo sonar frecuentemente los gongs, para mantener a distancia a los espíritus malignos[36]. Así, el cadáver aquejado de una especial dolencia, es simultáneamente objeto de solicitud y temor para los supervivientes.

b) *El alma: su estancia temporal en la tierra*.– Así como el cuerpo no es conducido de inmediato a su «última mora-

---

35. Cf. Nieuwenhuis, *op. cit.,* p. 89: cita como motivo el deseo de «apaciguar a los malos espíritus que podrían adueñarse del cadáver»; en el caso de los jefes, menciona, además, diversos amuletos protectores (igualmente, con motivo de ciertas ceremonias relativas al embarazo o al nacimiento, las gentes más expuestas se tapan las orejas con algodón «para no ser molestadas por los malos espíritus»). Riedel, *Alte Gebräuche,* pp. 95 y 99. Es cierto que otros autores presentan este uso como destinado únicamente a la protección de los vivos; cf. Grabowsky, *Tiwah,* p. 179. La ambigüedad de dicho rito tiene probablemente una doble finalidad, como ocurre muchas veces: se trata, confusamente, de impedir que la influencia funesta contenida en el cadáver se propague fuera, cerrando así el camino a los malos espíritus que querrían penetrar en el cadáver y apoderarse de él. Ciertos elementos de origen hindú parecen haberse injertado en la costumbre original.

36. Tromp, *op. cit.,* p. 48; este texto se refiere al caso en que el cadáver es guardado en casa. Pero en Timor-Laut, donde queda expuesto al borde del mar, a cierta distancia del pueblo, colocan sobre el féretro (al menos si se trata de una persona renombrada) figuras de hombres tocando los gongs, disparando fusiles y gesticulando furiosamente, a fin de arrojar las malas influencias lejos de quien está allí dormido (*to frighten away evil influences from the sleeper*), Forbes, *op. cit.,* pp. 322 y ss. Cf. Kükenthal, *op. cit.,* p. 180.

da», tampoco el alma llega a su destino definitivo inmediatamente después de la muerte, sino que ha de pasar previamente por una fase durante la que permanece en tierra, cerca del cadáver, errando por la selva o frecuentando los lugares que habitó en vida. Solo al término de este período, después de las segundas exequias, podrá, gracias a una ceremonia especial, penetrar en el país de los muertos. Tal es, al menos, la forma más simple que presenta esta creencia[37].

Pero las representaciones que se relacionan con la suerte del alma son, por naturaleza, vagas y fluctuantes, lo que hace difícil una delimitación demasiado definida. De hecho, la creencia más extendida entre los olo ngadju[38] es algo más compleja: en el momento de la muerte el alma se divide en dos partes, la *salumpok liau,* que es la «médula del alma», el elemento esencial de la personalidad, y la *liau krahang* o alma corporal, que está constituida por la médula de los huesos, los cabellos, las uñas, etc.[39]. Esta última permanece con el cadáver hasta el *Tiwah,* inconsciente y como entumecida. En cuanto al alma propiamente dicha, continúa viviendo, pero su existencia es muy inconsistente, y aunque al día siguien-

37. Se encuentra (excepcionalmente) entre los olo ngadju, Hardeland, *Wörterb.,* p. 233, y *Grammatik,* p. 364, n. 223; Braches, «Sandong Raung», en *Rhein, Missionsber* (1882), p. 102; entre los olo maanjan, Grabowsky, *Duson-Timor,* p. 471, y Tromp, *Sihong,* p. 47; entre los bahaus, Nieuwenhuis, *op cit.,* I, p. 104; entre los kayans, L. Roth, II, p. 142; en la isla de Serang (Riedel, *Sluik- en kroesharige rassen,* p. 144) y de Bali (Van Eck, en Wilken, *Animisme,* p. 52), etc.
38. Hardeland, *Wörterb.,* pp. 308 y 233; Perelaer, *op. cit.,* pp. 219 y 227; Grabowsky, *Tiwah,* pp. 183 y ss.
39. La misma distinción ha sido observada por Nieuwenhuis (*op. cit.,* p. 103) entre los bahaus, pero las dos almas son separadas durante la propia vida del individuo.

te a la muerte[40] viaje a la celestial «ciudad de las almas», lo cierto es que aún no tendrá plaza asignada allí, y no llegará a sentirse a gusto en las altas regiones, sino que, triste, perdida y añorando a su otra mitad, escapará frecuentemente para volver a la tierra y vigilar el féretro que encierra su cuerpo. Por eso hay que celebrar la gran fiesta terminal si se quiere que el alma solemnemente introducida en el país de los muertos se una a la *liau krahang* y encuentre una existencia segura y sustancial[41].

Análogamente se encuentra entre los alfourous del centro de las Célebes la creencia de que el alma permanece en la tierra, al lado del cadáver, hasta la ceremonia final *(tengke)*, aunque la creencia más general es que inmediatamente después de la muerte se va al mundo subterráneo, donde, al no poder ingresar enseguida en la morada común de las almas, habrá de vivir en una casa separada, mientras espera la celebración del *tengke*. El sentido de esta representación se evidencia al compararla con una práctica observada en las mismas tribus, según la cual a veces los padres de un niño muerto prefieren guardar su cadáver con ellos (en lugar de enterrarlo). En tal caso no pueden continuar viviendo en el *kampong*, sino que han de construirse una casa aislada, a cierta distancia. Dichas tribus prestan sus propios sentimientos a las almas del otro mundo, por lo cual la presencia de un cuerpo durante el período que precede a las

40. También los vivos le ofrecen en su casa una especie de soporte material: una plancha cubierta de figuras referidas al último viaje del alma y al otro mundo; cf. Grabowsky, *Tiwah*, p. 184.
41. Si el *Tiwah* no pudiera ser celebrado por la familia, el alma correría un serio riesgo de ver prolongarse indefinidamente ese estado temporal; se convertiría entonces, según expresión propia, en una *liau matai,* un alma muerta (Grabowsky, *ibid.,* p. 181).

exequias definitivas no puede ser tolerada ni en el pueblo de los vivos ni en el de los muertos. El motivo de esta exclusión temporal se explica también por el hecho de que «Lamoa (Dios) no puede sufrir la fetidez de los cadáveres».

Puede que esta fórmula contenga algún elemento de origen foráneo, pero a pesar de ello el pensamiento que expresa es ciertamente original, pues supone que el recién llegado al reino de los muertos solo se libera de su impureza una vez concluida la descomposición del cadáver, sin que hasta el momento fuera digno de ser admitido en la compañía de sus antecesores[42].

Sin embargo, algunas tribus mandan celebrar a sus sacerdotes la ceremonia de conducción del alma al otro mundo poco después de la muerte[43], aunque tampoco en este caso entrará el alma de pleno derecho en su nueva existencia. Al principio el alma no tiene conciencia plena de haber dejado este mundo, su morada es tenebrosa y desagradable y a veces se ve obligada a volver a la tierra para buscar el sustento que allí se le niega. Por eso es necesario que los vivos suavicen un poco su penosa condición valiéndose de cier-

---

42. Kruijt, «Een en ander aangaande het geestelijk leven van den Poso Alfoer», en *Med. Ned. Zend. Gen.*, t. XXXIX (1985), pp. 24, 26 y 28; el autor observa que «la noción de una casa de espera existe incluso entre aquellos para quienes el alma queda en tierra hasta el *tengke;* sin duda —añade—, se supone que el alma pasa una parte de este período en la tierra, y otra en la casa. Los pensamientos de los Alfourous sobre este punto no están claros». Pero incluso esta fluctuación nos parece representativa, y las dos representaciones que desde el punto de vista lógico parecerían excluirse son en el fondo solidarias (sin necesidad de tener que separarlas en el tiempo), dado que, al no haber abandonado completamente este mundo, el muerto no puede aún penetrar completamente en el otro.
43. Por ejemplo, los ot danom, que a este respecto contrastan con sus vecinos, los olo ngadju; cf. Schwaner, *op. cit.,* II, p. 76.

tas normas, y muy especialmente de la ofrenda de una cabeza humana, aunque hasta después de la ceremonia final el alma no podrá atender sus propias necesidades, ni gozar plenamente de las alegrías que le ofrece el país de los muertos[44].

Así, a despecho de las aparentes contradicciones, el alma nunca rompe de golpe los lazos que la unen al cuerpo y la retienen en tierra. Mientras dura la sepultura temporal del cadáver[45], el muerto continúa perteneciendo más o menos exclusivamente al mundo que acaba de abandonar, y la carga de atender sus necesidades les corresponde a los vivos. Dos veces por día, hasta la ceremonia final, los olo maanjan le llevan su comida habitual[46], pero si lo olvidaran, el alma sabría bien cómo conseguir su ración de arroz y bebida[47]. Durante todo este período se considera que el muerto no ha terminado completamente su vida terrestre; tanto es así que en Timor, cuando muere un *rajah,* su sucesor no puede ser nombrado oficialmente hasta que el cadáver sea enterra-

44. Cf. sobre los dayaks marítimos, Perham, en L. Roth, pp. 203, 206, 207 y 209; para los toumbuluchs de la Minahassa, cf. Riedel, *Alte Gebräuche,* pp. 103-107.
45. La creencia de que el alma permanece algún tiempo sobre la tierra antes de partir hacia el país de los muertos se encuentra también entre los pueblos que, en nuestros días, entierran el cuerpo (definitivamente) inmediatamente después de la muerte; cf., por ejemplo, para los dayaks del interior, *Low in Roth,* t. I, p. 217; para la isla de Roti, Graafland, «Die Insel Rote», en *Mitteil. d. geogr. Gesellen, zu Iena,* VIII, p. 168, y Heijmering «Zeden en gewoonten...», en *Tijdschr. v. Nederl. Indië,* VI, pp. 363 y ss.; el período de espera es más corto: doce y nueve días en los dos casos citados.
46. Tromp, *Sihong,* p. 47: se trata de los muertos cuyo cadáver se guarda en casa; para los demás, la obligación es menos estricta. Cf. para Soemba, «Ross, Bijdr. tot de Kennis van taal... en volk van Soemba», en *Verhandl. v. h. Batav. Gen. v. Kunst en Wetensch.,* XXXVI, p. 38.
47. Perham, *op. cit.,* pp. 209-210: por la mañana se encuentran a veces rastros de su paso cerca de las provisiones de arroz.

do definitivamente, pues hasta que no se celebren las exequias el difunto no estará verdaderamente muerto, sino simplemente «dormido en su casa»[48].

Si bien es cierto que este período de transición prolonga la existencia anterior del alma, se trata de una existencia precaria y lúgubre. Su estancia entre los vivos tiene algo de ilegítimo, de clandestino. En cierto modo el alma vive al margen de los dos mundos, pues si se aventurara en el más allá sería tratada como una intrusa, mientras que aquí abajo resultaría un huésped inoportuno de temerosa proximidad. Al no tener lugar de reposo, está condenada a errar sin descanso, esperando con ansiedad la fiesta que ponga fin a su inquietud[49]. Por eso no es de extrañar que durante dicho período el alma sea concebida como un ser malhechor, pues, al pesarle la soledad en la que está inmersa, intenta arrastrar a los vivos con ella[50]. Dado que aún carece de los medios habituales de subsistencia de que disponen los muertos, se ve obligada a merodear entre los suyos recordando en su desamparo todos los agravios que recibió en vida, deseando venganza[51]. Por eso se dedica a vigilar rigurosamente el luto de sus parientes, y si estos no cumplen bien sus deberes para con ella, preparando activamente su liberación, se irrita y les inflige enfermedades[52],

---

48. Forbes, *op. cit.,* pp. 438 y 447: este interregno puede durar mucho tiempo (treinta años o más), debido a los grandes gastos que implica la fiesta.
49. También el dayak, antes de morir, suplica a sus parientes que no tarden demasiado en celebrar el *Tiwah:* Grabowsky, *Tiwah,* p. 188.
50. Grabowsky, *ibid.,* p. 182; cf. para los tagalos de Filipinas, Blumentritt, «Der Ahnenkultus...», en *Mitteil. d. k. k. Geogr. Gesellsch. Wien,* XXV, pp. 166-168.
51. Perham, *loc. cit.*
52. Hardeland, *Wörterb.,* p. 308.

pues la muerte le confiere poderes mágicos que le permiten realizar sus malos designios. Una vez conseguido su lugar entre los muertos, solo visitará a los vivos por invitación expresa, pero mientras tanto «volverá» por propia iniciativa, por necesidad o por malicia, sembrando el pánico con sus apariciones intempestivas[53].

El estado lastimero y peligroso que presenta el alma al atravesar ese turbio período explica la actitud compleja de los vivos, donde se mezclan en proporciones variables la conmiseración y el terror[54]. Ellos intentan subvenir a las necesidades del muerto y suavizar su condición, pero al mismo tiempo permanecen a la defensiva, guardándose de un contacto que saben malo. Por ello, cuando al día siguiente de la muerte hacen conducir el alma al país de los muertos, no se sabe si actúan movidos por la expectativa de ahorrarle una espera dolorosa o por el deseo de desembarazarse lo más rápido posible de su siniestra presencia, aunque en realidad ambas preocupaciones se confunden en su conciencia[55], pues los temores de los supervivientes solo finalizarán cuando el alma haya perdido el carácter penoso e inquietante que presenta después de la muerte.

53. Riedel (a propósito de los toumbujuhs), *Alte Gebräuche,* p. 107; cf. sobre los kayans, Roth, t. II, p. 142. Quedan excluidas las almas que, por una razón u otra, no hallaron nunca la paz y la seguridad del más allá.
54. Nos parece inútil intentar decidir cuál de esos dos móviles es «primitivo»; es una cuestión mal planteada que solo puede ser resuelta de manera arbitraria.
55. Cf. Riedel, *op. cit.,* pp. 106-107: los sacerdotes toumbuluhs tienen, al mismo tiempo, el carácter de psicopompos y de exorcistas que expulsan espíritus; durante los nueve días que siguen a la ceremonia del envío del alma al país de los muertos ejecutan una danza de guerra para amedrentarla (en el caso de que aún no se hubiera alejado), y que no vuelva a atormentar a sus parientes.

c) *Los vivos: el duelo*.– Durante el período intermedio, los parientes del difunto no solo están obligados a proporcionarle toda clase de cuidados, sino que, además de estar también expuestos a la maldición y a los posibles ataques del alma atormentada, quedan sometidos a todo un conjunto de prohibiciones que configuran el duelo[56]. En efecto, la muerte, al atacar al individuo, le imprime un carácter nuevo. Su cuerpo, que anteriormente (salvo en casos anormales) estaba en el ámbito de lo común, sale de él repentinamente y no podrá ser tocado sin peligro, quedando así convertido en objeto de horror y espanto. Pero sabemos también hasta qué punto las propiedades religiosas o mágicas de las cosas tienen para los «primitivos» un carácter contagioso. La «nube impura»[57] que, según los olo ngadju, rodea al muerto, ensucia todo lo que se relaciona con él, es decir, no solo a las gentes y las cosas que han sufrido el contacto material del cadáver, sino también todo lo que en la conciencia de los supervivientes está íntimamente ligado a la imagen del difunto. Sus muebles no podrán servir para usos profanos, por

---

56. Esta distinción no estaría fundada si hubiera que admitir la teoría expuesta en otro tiempo por Frazer (en *Journ. of the Anthropol. Instit.*, t. XV, pp. 64 y ss.); pues las prácticas del duelo no serían más que ritos destinados a proteger a los vivos contra la vuelta ofensiva del alma del muerto; pero esta ingeniosa teoría era demasiado estrecha y artificial. El punto de vista que adoptamos aquí no es nuevo para los lectores de *L'Année sociologique:* cf. t. IV, p. 192, y t. VI, pp. 363-364; observemos que no excluye la interpretación animista, pues el alma, con las disposiciones que le presta la opinión general en los momentos subsiguientes a su salida del cuerpo, debería aparecer como la guardiana celosa de los tabúes impuestos por el duelo a los supervivientes y la personificación de las malas energías que por el hecho de la muerte se encuentran acumuladas en el cadáver.
57. Hardeland, *Grammatik,* p. 218.

lo que habrán de ser destruidos o consagrados al muerto, o al menos liberados, mediante ritos apropiados, de la virtud nociva que han contraído. Asimismo, los árboles frutales del muerto y las corrientes de agua donde pescaba serán objeto de un tabú riguroso: los frutos y los pescados, de ser recogidos, servirán exclusivamente como provisiones para la gran fiesta fúnebre[58]. Durante un período más o menos largo, la casa mortuoria será impura, y el río cercano a ella quedará afectado por una prohibición[59].

Los propios parientes del muerto se resienten en sus personas del golpe que ha atacado a uno de los suyos y pesará sobre ellos un confinamiento que los separa del resto de la comunidad, no debiendo abandonar su pueblo ni hacer visita alguna. Los más directamente afectados pasan a veces meses enteros secuestrados en un rincón de su casa, sentados, inmóviles y sin hacer nada; tampoco deben ser visitados por gentes de fuera, o, en caso de poder hacerlo, tendrán prohibido hablar cuando les pregunten[60]. No solo los hombres, sino también los espíritus protectores los abandonan,

---

58. Hickson, *A naturalist in North Celebes,* p. 194; Low, en Roth, I, p. 155. Nos limitamos a recordar aquí hechos bien conocidos.

59. Cf. para los kayans del centro, Nieuwenhuis, *op. cit.,* I, pp. 338 y 391; para los olo ngadju, Grabowsky, *Tiwah,* p. 182; Hardeland, *Wörterb.,* pp. 485, 401 y 608; la palabra *ru-tas* designa especialmente la impureza fúnebre, aplicándose tanto a las casas, ríos y personas contaminadas, como al cadáver mismo; *pali* (= prohibido, causante de la desgracia) es un término general que corresponde exactamente a «tabú».

60. Véanse los textos citados en la nota precedente y (sobre los ot danom) Schwaner, *Borneo,* II, p. 76 (sobre los indígenas de Luang Sermata); Riedel, *Sluik- en kroesharige rassen,* pp. 328-329. Cf. los hechos análogos relatados por Tromp (*Koetei,* p. 71) a propósito de los Bahau del alto Mahakam: las víctimas de un incendio son colocadas juntas fuera del campamento, y se las considera poseídas por malos espíritus, en tanto no hayan sido expulsados. Estos desgraciados tienen prohibido bajo pena de muerte

---

y en tanto dure su impureza no podrán esperar ninguna ayuda de las potencias de lo alto[61]. La exclusión que afecta a los parientes del muerto influye sobre todo en su modo de vida, ya que a consecuencia del contagio fúnebre sufren un cambio que los aparta del resto de los hombres. En adelante no podrán seguir viviendo como los demás, ni deberán participar en el régimen alimentario ni en la forma de vestirse, adornarse y llevar el cabello que conviene a los individuos socialmente normales, y que son el distintivo de esa comunión a la que ellos (por un tiempo) ya no pertenecen[62]. De ahí los numerosos tabúes y prescripciones especiales a las que deben atenerse las gentes en duelo[63].

Si bien la mancha fúnebre se extiende a todos los parientes del muerto y a los habitantes de la casa mortuoria, lo cierto es que no alcanza a todos por igual, y lo mismo ocurre con la duración del duelo, que varía necesariamente según el grado de parentesco. Para los olo ngadju, los parientes lejanos solo son impuros durante los días[64] inmediatamente posteriores a la muerte; luego, tras una ceremonia donde

entrar en relación con otros hombres; ni siquiera pueden aceptar visitas ni socorro alguno.

61. Hardeland, *Wörterb.*, p. 608; Perelaer, *op. cit.*, p. 227.

62. Hardeland, *ibid.*, p. 36; Nieuwenhuis, *op. cit.*, p. 144; Tromp, *Sihong*, p. 47; Ling Roth, I, pp. 155 y 258, y II, p. 142. La prohibición es general, pero las prescripciones positivas varían mucho; así en Borneo encontramos tres reglas diferentes para los vestidos de luto: vuelta al antiguo vestido de corteza (*bahaus*), vestidos usados y harapientos (dayaks marítimos), vestidos de color liso, primero blancos, luego negros (olo ngadju).

63. No viene al caso hacer aquí una exposición completa, y menos aún una teoría, del duelo entre los indonesios, pues no nos ocupamos de los motivos secundarios que intervienen en la determinación positiva de las diversas prácticas.

64. Al menos tres, pero en general siete; cf. Hardeland, *Wörterb.*, p. 483.

se sacrifican varios pollos, podrán reemprender su vida ordinaria[65]. Pero cuando se trata de los parientes más próximos del muerto[66], el carácter singular que les afecta no se disipa tan rápida ni fácilmente. Antes de poder ser completamente liberados del confinamiento que pesa sobre ellos ha de haber pasado un largo período, que coincide precisamente con la duración de la sepultura provisional. Durante todo este tiempo deberán observar los tabúes que su estado les impone: si se trata de un viudo o una viuda no tendrán derecho a casarse, pues el lazo que une al esposo superviviente con el difunto solo podrá ser roto por la ceremonia final[67]. De hecho, los parientes próximos, al formar un todo con el muerto, participan de su estado englobados en los sentimientos que este inspira a la comunidad y afectados como él por la prohibición durante el intervalo comprendido entre la muerte y las segundas exequias.

Pero los hechos no siempre presentan esta simplicidad típica que encontramos entre los olo ngadju. El plazo habitualmente largo que exige la preparación de la fiesta fúne-

65. Grabowsky, *Tiwah,* p. 182; y si llevan el duelo más allá de este punto es para satisfacer una inclinación personal, no por deber.
66. El superviviente de un matrimonio, los padres para sus hijos y, recíprocamente, los hermanos y hermanas: Hardeland, *ibid.,* p. 608; cf. para los olo maanjan, Tromp., *loc. cit.* Parece bastante frecuente que una sola persona asuma la carga y las molestias del luto, de forma que por el rigor de su observancia dispensa a los demás de guardarlo.
67. Hardeland, *Wörterb.,* pp. 608 y 36; cf. para los dayaks de Sarawak, Ling Roth, I, pp. 130 y 156; se supone que la viuda pertenece a su marido hasta el *Gawei Antu* (fiesta correspondiente al *Tiwah* de los olo ngadju); si no permanece casta durante este período, cae en un auténtico adulterio, que es castigado como si el muerto aún estuviera vivo. Como señala Grabowsky, *Tiwah,* p. 183, esta consideración interviene en la rapidez con la que, en ocasiones, se celebra la fiesta del muerto.

bre tendría como efecto la prolongación casi indefinida de las privaciones y molestias del duelo, si la adopción de un final fijo y relativamente próximo no viniera a remediar esta situación[68]. Lo más probable es que tales reducciones del duelo se operen frecuentemente, aunque ello no sea susceptible de demostración histórica en las sociedades que nos ocupan. Sin embargo, es evidente, como ha mostrado Wilhen[69], que la nueva ceremonia destinada a sustituir a las exequias definitivas en el desenlace del duelo no fue escogida arbitrariamente. En efecto, el estado del muerto durante el período intermedio no es inmutable, sino que sufre cambios que van atenuando el carácter peligroso del cadáver y del alma, obligando a los vivos a celebrar ceremonias especiales en ciertas fechas. Estas fechas que antes solo suponían para las gentes de luto una etapa más hacia la liberación, se han convertido ulteriormente en el punto que marca el fin de su impureza. Así es como el duelo obligatorio expira entre los olo maanjan con la ceremonia del cua-

68. La propia severidad de los tabúes del duelo impide a los supervivientes, en algunos casos, preparar activamente la fiesta que debe liberarlos, de suerte que su condición no tendría salida si no se llegara a un compromiso. Los indígenas de Luang Sermata (cf. Riedel, *Sluik- en kroesharige rassen,* pp. 328-329) nos proporcionan un curioso ejemplo de ello: «más o menos dos meses después de la muerte, los parientes del muerto, tras celebrar un sacrificio, hacen venir a un sacerdote para saber si el difunto los autoriza a dejar la aldea (donde están secuestrados), a fin de recopilar las cosas necesarias para la fiesta funeraria. Si la autorización les es denegada, repiten la misma tentativa cuatro o seis meses después. Cuando el muerto da su consentimiento, el duelo acaba y se preparan para la ceremonia final, que tendrá lugar al cabo de uno o dos años.
69. «Ueber das Haaropfer», en *Revue coloniale,* III, pp. 254 y ss. Wilken ha arrojado luz sobre el hecho de que, «originalmente», para los indonesios el final del duelo coincide con las exequias definitivas y la fiesta correspondiente.

dragésimo nono día, a diferencia de los olo ngadju, donde finaliza tras la fiesta terminal[70].

Por otra parte, numerosos documentos hacen coincidir el levantamiento de los tabúes con la adquisición, por los parientes del muerto, de una cabeza humana y la ceremonia celebrada con ocasión de este feliz acontecimiento[71]. (Esta costumbre parece ser también producto de una evolución cuyos principales momentos pueden rastrearse.) Entre los olo ngadju, la inmolación de una víctima humana (a la que se corta la cabeza) es, como veremos, uno de los actos esenciales de la fiesta funeraria[72]. En este caso el sacrificio es condición indispensable para la terminación del duelo, pero forma parte de un conjunto complejo y está ligado a las exequias definitivas. Entre los dayaks marítimos de Sarawak, este rito se destaca y cobra independencia: es cierto que el *ulit* o tabú que constituye el duelo no finaliza completamente hasta la fiesta del muerto; «sin embargo, si en ese intervalo el pueblo adquiere y festeja convenientemente una cabeza humana, las prohibiciones se levantarán, y volverán a permitirse los adornos»[73]. En cualquier caso, ya continúe el proceso o se abandone la práctica de las dobles exequias[74], lo cierto es que un suceso en parte fortuito o, en cualquier

---

70. Tromp, *Sihong,* p. 47.
71. Cf., por ejemplo, para los zambales de Filipinas, Blumentritt, *op. cit.,* p. 156; para los toumbuluhs, Riedel, *Alte Gebräuche,* p. 107.
72. Grabowsky, *Tiwah,* p. 191: Roth, t. II, pp. 142 y 164 en nota.
73. Ling Roth, I, pp. 155 y 210. Este hecho puede relacionarse con la indicación totalmente paralela que se ha relatado anteriormente (p. 45), a propósito de la condición del alma; otros autores *(ibid.)* dicen simplemente que la captura de una cabeza tiene como resultado el levantamiento del tabú.
74. Esto, como se verá, ocurre muy a menudo.

caso, exterior al muerto como es una feliz «caza de cabezas», bastará para asegurar la liberación de los supervivientes.

Así, entre los indonesios, el largo duelo de los parientes más próximos parece estar ligado a las representaciones relativas al cuerpo y al alma del difunto en el período intermedio, y dura normalmente hasta las segundas exequias. Los diversos casos donde no aparece esta relación se deberán, a nuestro juicio, a una relajación ulterior de la costumbre original.

La idea de que los últimos ritos funerarios no pueden celebrarse inmediatamente después de la muerte, sino solo al cabo de un período más o menos largo, no es en absoluto exclusiva de los indonesios ni de otra raza determinada[75]; prueba de ello es la generalización de la tumba provisional.

Sin duda, las formas especiales que reviste este uso son extremadamente variadas y es muy probable que causas étnicas y geográficas contribuyan al predominio en un área determinada de tal o cual modo de disposición provisional del cuerpo[76], pero este es un problema diferente del que no queremos ocuparnos aquí. Desde nuestra perspectiva existe una rigurosa homología entre la exposición del cadáver sobre las ramas de un árbol, tal como la practican las tribus del centro de Australia[77], y la que ciertos papúes[78] y algunos

75. Como erróneamente piensan algunos etnógrafos, así Brinton considera la práctica de las segundas exequias y las creencias que las presiden como acervo exclusivo de la raza americana: *Myths of the New World* (1868), pp. 254 y 260.

76. Cf. Preuss, *Begräbnisarten der Amerikaner,* p. 307.

77. Spencer y Gillen, *Northen Tribes,* pp. 506 y 517; Roth. *Ethnological studies,* p. 166.

78. Krieger, *Neu-Guinea,* pp. 177-179; Maclay, en *Natuurkund u. Nederl. Indië,* XXXVI, pp. 301-302: para los melanesios, cf. Codrington, *The Me-*

pueblos bantúes[79] llevan a cabo en el interior de la casa de los vivos, la que celebran los polinesios[80] y numerosas tribus indias de América del Norte[81] sobre una plataforma elevada construida *ex profeso,* o el enterramiento provisional observado por la mayor parte de los indios de América del Sur[82]. Todas estas formas diversas de sepultura provisional, que en una clasificación tecnológica deberían, sin duda, figurar bajo títulos especiales, son para nosotros equivalentes. Todas tienen el mismo objeto, que es ofrecer al muerto una residencia temporal, en espera de que concluya la disolución del cuerpo y no queden más que los huesos.

Pero algunos usos funerarios parecen irreductibles a este tipo general, como el embalsamamiento, que tiene precisamente por objeto impedir la corrupción de las carnes y la

lanesians, pp. 261, 268 y 288; para los nagas, Godden, en *Journ. Anthr. Inst.,* XXVI, pp. 194 y ss. Los tahitianos han guardado el recuerdo de una época ruda en la que los supervivientes conservaban en su casa los cadáveres de los muertos; solo más tarde, a consecuencia de la evolución de las costumbres, se estableció el hábito de construir para los muertos casas separadas; cf. Ellis, *Polynesian Researches,* I, p. 404. A nuestro juicio, no hay razón para sospechar de la autenticidad de esta tradición, y probablemente la evolución que se describe sea la típica.

79. Cf. para los bakundus, Seidel, en *Globus,* LXIX, p. 277; para los apingis, De Chaillu, *Voyages... dans l'Afrique équatoriale,* p. 512; para los wapare, Baumann, *Usambara,* p. 238.

80. Cf. para Tahití, Ellis, *loc. cit.,* Cook en Hawkesworth, *Account of the Voyages...,* II, p. 235; para las islas Gambier, Moerenhout, *Voyage aux îles du grand Océan,* I, pp. 101-102; Cuzent, *Voyage aux îles Gambier,* p. 78.

81. Cf. Yarrow, «Mortuary customs of the N. Am. Indians», en *Bureau of Ethn., Ann Rep.,* I, pp. 158, 168 y ss.; Schoolcraft, IV, p. 65; Keating, *Long's Expedition,* I, p. 345; Catlin, *Letters and Notes, I,* pp. 87 y ss.; Adair, *History of the Am. Ind.,* p. 129.

82. Cf. Simons, *Proc. Roy. Geog. Soc.* (1885), p. 792; Candelier, *Rio-Hacha,* pp. 216 y ss.; y los textos citados por Preuss, *Begräbnisarten der Amerikaner,* pp. 126 y ss.

transformación del cuerpo en esqueleto, o como la cremación, que, por su parte, previene la alteración espontánea
del cadáver por una destrucción rápida, más o menos completa. A nuestro juicio, estos modelos de sepultura artificial
no difieren esencialmente de las formas de sepultura provisional que hemos enumerado. La demostración completa
de dicha tesis nos apartaría de nuestro tema, así que nos
limitaremos a indicar brevemente las razones que, a nuestros ojos, la justifican.

Observemos, en primer lugar, que la momificación, en
algunos casos, no es más que el simple resultado de la exposición o de la inhumación temporal, debido a las propiedades cicatrizantes de la tierra o del aire que les rodea[83].
Además, incluso cuando los supervivientes no tienen en absoluto la intención de preservar artificialmente el cadáver,
tampoco lo abandonan por completo en el curso de la descomposición. Como la transformación que se produce en
él es penosa y peligrosa para el muerto y para los que le rodean, se toman a menudo medidas para acortar la putrefacción y disminuir su intensidad o para neutralizar sus efectos siniestros, manteniendo cerca de los restos del muerto
un fuego destinado a apartar las influencias malignas, ca-
lentar al alma errante y ejercer una acción bienhechora sobre el cuerpo[84], rodeándolo de humos olorosos y embadur-

83. Cf. Swan, *The N.-W. Coast,* pp. 70-71 ; Yarrow, *op. cit.,* p. 166; Preuss,
op. cit., p. 186. Entre los egipcios, la momificación parece haber sido espontánea en un principio, y los procedimientos artificiales fueron introducidos ulteriormente; Maspero, *Histoire ancienne des peuples de l'Orient
classique,* t. I, pp. 112 y 116.
84. Al igual que en Timor, durante los cuatro meses que siguen al parto
la madre debe mantenerse inmóvil cerca de un fuego permanente, al su-

nándolo con ungüentos aromáticos[85]. De aquí a la costumbre de ahumar el cadáver sobre un cañizo[86] o al embalsamiento rudimentario[87] la transición es casi insensible. Para pasar de la desecación espontánea, donde solo subsisten los huesos, a esta forma especial de desecación, que transforma el cadáver en momia, basta con que se haya desarrollado entre los supervivientes el deseo de introducir en la sepultura definitiva un cuerpo lo menos alterado posible[88]. En ese sen-

ponerse que el calor y el humo vuelven a poner su cuerpo en forma; cf. S. Müller, *op. cit.,* p. 275.

85. Los kurnais extraen a veces los intestinos del cuerpo, a fin de que la desecación se haga más rápida; Howitt, *Native Tribes of S.E. Austral.,* p. 459; esta es una de las operaciones preliminares del embalsamamiento. En algunas islas melanesias se acelera la desaparición de las carnes, expandiendo agua con profusión sobre el cadáver; cf. Danks, en *Journ. Anthr. Inst.,* XXI, p. 354; Codrington, *op. cit.,* p. 263.

86. Cf. Howitt (sobre los unghis de Queensland), *op. cit.,* p. 467; sobre los papúes, S. Müller, *op. cit.,* p. 72; Goudswaard, *De Papoewa's van de Geelvinksbai,* pp. 71 y ss.; Finsch, *Neu-Guinea,* p. 86, etc.; sobre los negros, Bosman, *Vayage de Guinée,* pp. 229 y ss. Roth, *Benin,* p. 42; sobre los fjorts, Dennett, *Notes on the Folk-lore of the Fjort,* pp. 22 y ss.; sobre los malgaches, Guillain, *Documents sur l'histoire... de Madagascar,* p. 158; Grandidier, en *Revue d'ethnographie,* V, pp. 214 y 222; para los casos americanos, cf. Preuss, *op. cit.,* pp. 187 y ss.

87. Como el que se practicaba en Tahití; cf. Hawkesworth, *op. cit.,* p. 235; Ellis, *ibid.,* pp. 400 y 404; Cuzent, *loc. cit.,* Turner, *Samoa,* pp. 145 y 148; cf. sobre los wagandas, Declé, *Three Years in Savage Africa,* p. 446; sobre los antankaranas, Grandidier, *ibid.,* p. 217; sobre los ainos de Sakhalin, Preuss, *op. cit.,* p. 190: durante un año, hasta el enterramiento, la viuda de un jefe debía proteger su cadáver de la putrefacción, bajo pena de muerte.

88. Nada prueba, creemos, que este deseo sea «natural» y original. Por otro lado, la mayor parte de los documentos citados presenta la momificación como un rito excepcional, reservado, por ejemplo, a los jefes o a los hijos particularmente amados. La homología existente entre la preservación del cadáver y la simple exposición temporal será menos difícil de admitir si se tiene en cuenta el hecho que aclaramos más adelante: que las

tido el ritual funerario egipcio concuerda en sus trazos esenciales con las creencias y prácticas indonesias en las que durante setenta días el embalsamador lucha contra la corrupción que quiere apoderarse del cadáver, y solo al término de este período el cuerpo ya imperecedero será conducido a la tumba, mientras el alma partirá hacia los campos de Ialon, poniendo fin al duelo de los supervivientes[89]. Parece, pues, legítimo considerar la momificación como un caso particular y derivado de la sepultura provisional.

En cuanto a la cremación[90], no es en general un acto definitivo suficiente por sí mismo, sino que apela a un rito ulterior y complementario. En el ritual de la India antigua, por ejemplo, los restos del cuerpo que subsisten tras la combustión deben ser cuidadosamente recogidos con las cenizas y depositados al cabo de un tiempo variable en un monumento funerario[91]. La cremación y la inhumación de los

osamentas secas, residuo de la descomposición, constituyen para el muerto un cuerpo incorrupto, exactamente igual que la momia.

89. Maspero, *op. cit., ibid.,* y pp. 178 y ss., y *Etudes de mythologie et d'archéologie égypt.,* I, pp. 292 y ss., 358 y ss.; cf. *Livre des morts,* ch. CLIV; Herodoto, II, 86; *Génesis* I,3.

90. En esta ocasión solo nos referimos a la cremación practicada sobre el cuerpo antes (o mientras) se descompone; dejamos aparte la cremación de los huesos, que tiene lugar a veces en las exequias definitivas; cf. más adelante, p. 80.

91. Cf. Oldenberg, *Religión du Véda, trad. franc.,* pp. 494 y ss.; Caland, *Altind. Totengebräuche,* pp. 99 y ss. Este último autor señala *(op. cit.,* p. 180) el paralelismo existente entre la erección del monumento funerario y las exequias finales de los dayaks. En su forma completa, el rito está reservado a los padres de familia que hayan encendido los tres fuegos de los grandes sacrificios *(ibid.,* p. 128); los otros se limitan a depositar los restos en la tierra o en un río (p. 107), aunque entre las dos ceremonias no hay más que una diferencia de grado y de solemnidad. Los diferentes textos proporcionan indicaciones diversas y fluctuantes sobre la amplitud del plazo que debe transcurrir entre la cremación y la ceremonia final

huesos calcinados corresponderían a las primeras y segundas exequias de los indonesios[92]. Sin duda, la naturaleza misma del rito observado hace que el intervalo entre las ceremonias inicial y final sea indeterminado y pueda reducirse al punto en que ambas lleguen a formar un continuo[93], pero no por ello la cremación deja de ser una operación prelimi-

(pp. 99, 116 y 130): hoy en día el caso más extendido es el de la recogida de los restos al tercer día, pero la tradición más antigua parece hacer coincidir este rito con el fin del período de impureza de diez días. Entre los antiguos aztecas, las osamentas se encerraban en una especie de estatua que llevaba la máscara del muerto; esta era guardada y honrada durante un período de cuatro años, al cabo de los cuales tenía lugar una segunda cremación, tras la que se enterraban los restos. Se suponía que este rito final coincidía con el acceso del alma a su morada definitiva; cf. Sahagun, *Histoire générale des choses de la Nouvelle-Espagne*, trad. franc., pp. 221 y ss.; E. Seler, *Gesammelte Abhandlungen*, II, pp. 678 y ss., y p. 746; Z. Nuttall, *Codex Nuttall (Peabody Museum*, 1902), pp. 25 y ss., y pp. 81 y ss. Entre los tolkotins de Oregón, las osamentas calcinadas se devuelven a la viuda, que debe llevarlas consigo mientras dure su luto (cerca de tres años); la liberación de la viuda tiene lugar en el mismo momento en que se depositan los huesos en un monumento funerario: Ross Cox, en Yarrow, *op. cit.*, pp. 144 y ss.; lo mismo ocurre entre los takhali: Hale, U. S., *Explor. Exped.* (1846), p. 203; cf. sobre los rucuyenos, Crevaux, *Voyages dans l'Amerique du Sud*, pp. 120-121.
92. Esta homología es todavía más manifiesta entre los todas, pues ellos designan expresamente con el nombre de «primeras exequias» la cremación del cadáver, para distinguirla de las «segundas exequias», celebradas al cabo de un tiempo más o menos largo, que consisten en una nueva cremación de las reliquias y en el entierro final de las cenizas. Durante el intervalo que separa las dos ceremonias, las reliquias, envueltas en un manto, son tratadas como lo sería el propio cadáver (llevan el mismo nombre). El alma, que aún no puede llegar al país de los muertos, es tenida por maléfica, y los parientes próximos son impuros y tabú. El período intermedio dura al menos un mes, a veces más de un año. Como se puede ver, esas creencias y prácticas concuerdan rigurosamente con el tipo normal. Cf. Rivers, *The Todas*, pp. 337, 364 y ss; pp. 378 y ss; pp. 403, 697 y 701.
93. Como ocurre, por ejemplo, entre los tlinkits; cf. Krause, *Tlinkit Indianer*, pp. 222 y ss., y 227.

nar, llegando a ocupar en el sistema de los ritos funerarios el mismo lugar que la exposición temporal[94]. A esta homología externa responde una similitud más profunda: el objeto inmediato de la sepultura provisional es, como veremos, dar el tiempo suficiente para la completa desecación de los huesos. Esta transformación a ojos de los «primitivos» no es una simple disolución física, sino que cambia el carácter del cadáver haciendo de él un cuerpo nuevo, siendo, en consecuencia, una condición necesaria para la salud del alma. Tal es el sentido de la cremación: lejos de aniquilar el cuerpo del difunto, lo recrea y lo hace capaz de entrar en una vida nueva[95], llegando así al mismo resultado que la exposición temporal[96], solo que por una vía mucho más rá-

---

94. En las tribus australianas de la región de Maryborough vemos que la cremación se practica, lo mismo que el enterramiento provisional y la exposición, sobre un estrado, siendo colocada en el mismo plano que ambas modalidades: cf. Howitt, *op. cit.,* p. 470.

95. Esta preocupación aparece explícitamente en las fórmulas pronunciadas en el transcurso de la cremación hindú: «No lo consumas (al muerto) le dicen a Agni, no le hagas daño, no trocees sus miembros, para que cuando lo tengas cocido puedas enviarlo al lado de nuestros padres». También se ofrece un sustituto a las fuerzas destructivas del fuego: el macho cabrío que se ata a la hoguera para después dejarlo escapar; cf. Caland, pp. 59, 62, 67, 175 y ss. Hay sin duda en este ritual muchos elementos adventicios, en particular la noción de Agni psicopompo, pero nos parece arbitrario restringir (como lo hace Oldenberg, *op. cit.,* p. 499) «el papel primitivo del fuego» a la simple función de desembarazar a los vivos del objeto impuro y peligroso que es el cadáver, pues por lejos que nos remontemos en el pasado, tanto la acción purificadera de la cremación como el ritual funerario en general, se ejercen en provecho de los supervivientes y del muerto. Cf. sobre las tribus californianas, Powers, en *Contrib. to N. Am. Ethnol.,* III (1876), pp. 194 y 207: el alma no puede ser salvada y liberada más que por la acción del fuego.

96. La cremación puede incluso combinarse con la momificación, aunque parezcan completamente opuestas. Así «los Quichés reunían las cenizas y modelaban con goma una estatua, a la que ponían una máscara

---

pida[97]. La acción violenta del fuego ahorra al muerto y a los supervivientes las penas y los peligros que implica la transformación del cadáver, o por lo menos abrevia considerablemente su duración, al lograr simultáneamente la destrucción de la carne[98] y la reducción del cuerpo a elementos inmutables, procesos que naturalmente se llevan a cabo de una manera lenta y progresiva[99]. Así, entre la cremación y los diversos modos de sepultura provisional existen diferencias de tiempo y medios, no de naturaleza.

que representaba los rasgos del muerto, y la depositaban en la tumba». Braseur de Bourbourg, *Popol-Vuh.,* pp. 192-193.

97. Cf. Rohde, *Psyche* (2.ª ed.), I, pp. 30-32.

98. En el ritual hindú, el fuego que ha servido para la cremación (y que ha de ser definitivamente apagado) se designa bajo el nombre de *Krâvyâd,* «comedor de carne»; Caland, *ibid.,* p. 113.

99. Existe también una forma intermedia entre la simple exposición y la cremación completa, donde la exposición dura solo unos días, y en la que despojan los huesos de la carne en cuanto resulta posible, para quemarla después; esta es una auténtica cremación parcial, que tiene por objeto acabar más rápidamente la desecación de las osamentas y la eliminación de las partes impuras; cf. sobre los santees de Carolina del Sur, Lawson, en Mooney, *Siouan Tribes of the E.,* p. 79; sobre los hawai'is, Ellis, *op. cit.}* pp. 132 y ss., y 339; Preuss, *op. cit.,* pp. 309-310. Algunos autores señalan el hecho de que a veces la cremación solo tiene lugar al cabo de un largo tiempo, cuando la descomposición está ya muy avanzada; cf. sobre los tlinkits, Krauje, *op. cit.,* pp. 222 y 234, y Erman, en *Zeitschr. f. Ethn.,* II, 380 y ss.; y sobre ciertos galibis, Biet, *Voyage de la France équinoxiale* (1664), p. 392; observemos que, en los dos casos citados, la cremación sucede a la exposición del cadáver en la propia casa. No pretendemos que la cremación haya sucedido en todas partes a la inhumación o a la exposición provisional (sería inútil complicar nuestra tesis con una hipótesis histórica imposible de verificar), sino que únicamente buscamos establecer una equivalencia entre esos dos modos que, aunque diversos, responden a la misma preocupación fundamental. La idea de que la cremación no hace más que reproducir, acelerándolo, el proceso natural de la descomposición, ha sido expuesta de una manera un tanto diferente por R. Kleinpaul, *Die Lebendigen u. die Toten,* pp. 93-93.

En los ritos estudiados hasta el momento, las partes blandas del cadáver, de no ser preservadas por procedimientos artificiales, quedan destruidas y solo se consideran como elementos perecederos e impuros de los que hay que separar los huesos. La práctica conocida como «endocanibalismo»[100], consistente en el consumo ritual de la carne por los parientes del muerto, arroja luz sobre representaciones más complejas. Seguramente este rito no tiene por único objeto la purificación de los huesos, no es, como la antropofagia banal, un refinamiento de crueldad o la satisfacción de un apetito físico, sino una comida sagrada, en la que solo algunos miembros determinados de la tribu[101] pueden tomar parte y de la cual las mujeres, al menos entre los binbingas, están estrictamente excluidas. Por este rito los vivos integran en sí mismos la vitalidad y cualidades específicas del difunto, que residían en su carne. Si esta se deshiciera, la comunidad perdería las fuerzas que debían retornar a ella[102]. Al mismo tiempo, el endocanibalismo evita al muerto el horror de una lenta e innoble descomposición, al tiempo que

100. Cf. Steinmetz, *Der Endokannibalismus.*
101. La naturaleza de esos grupos varía además en las diferentes tribus; cf. Spencer y Gillen, *Northern Tribes*, p. 548, y Howitt, *op. cit.,* pp. 446-449.
102. Esa intención resulta evidente sobre todo en ciertos casos de infanticidio, seguidos de la consumición de las carnes por un hermano o hermana mayores a los que de esa forma se quiere fortalecer; cf. Howitt, pp. 749-750; Spencer y Gillen, *ibid.,* p. 608. Howitt nos habla de la extendida creencia en la virtud mágica de la grasa del hombre, pues en ella residen la fuerza y la salud del individuo. En ciertas tribus, como los dieris, por ejemplo, solo se come la grasa; cf. Howitt, pp. 367, 411 y 448. No pretendemos que esta interpretación sea exhaustiva; de hecho, entre los mismos dieris el consumo de la grasa del muerto tiene como objeto calmar a los parientes y descargarles de su pena. En cualquier caso, siempre se opera un cambio favorable en el estado de los supervivientes.

asegura, casi de inmediato a sus huesos, el estado definitivo, proporcionando a su carne la sepultura más honorable[103]. En todo caso, la presencia de esta práctica no altera esencialmente el tipo general que intentamos construir, pues después de la consumición de la carne, los parientes del muerto recogen y guardan los huesos por un período más o menos largo, al término del cual se celebran las exequias finales. Durante este tiempo se supone que el alma ronda cerca de los huesos y del fuego sagrado que se mantiene a su lado, lo cual impone un estricto silencio a los parientes próximos del muerto[104]. Así, cualesquiera que puedan ser sus causas

103. Los turrbal justifican esta costumbre alegando su afecto por el muerto: «De esta manera, ellos sabían dónde estaba él, y su carne no olería»; Howitt, p. 752. Cf. sobre los indios de América del Sur, Press, *op. cit.,* p. 218: un masuruna convertido se lamentaba de que, siendo enterrado a la manera cristiana, sería comido por los gusanos en lugar de ser comido por sus parientes.

104. Seguimos la exposición de los hechos relativos a los binbingas, Spencer y Gillen, *op. cit.,* pp. 549-554. Primeramente, los huesos envueltos en la corteza se colocan durante algún tiempo en una plataforma, hasta que estén completamente secos; después se renueva su envoltura y se les deposita en lo alto de un palo bifurcado, a veces en medio del campo; allí permanecen alrededor de un año o más. Muy instructiva es la comparación sugerida por los propios autores, entre esta serie de ritos y los que encontramos en la tribu vecina de los gnanjis (*ibid.,* p. 545); entre estos, el endocanibalismo parece que solo se practica excepcionalmente. En primer lugar, el cadáver es depositado sobre una plataforma en un árbol, hasta que la mayor parte de la carne haya desaparecido de los huesos; después estos se envuelven en corteza y se dejan sobre la plataforma hasta que estén suficientemente secos como para poder separarlos con facilidad; luego se colocan en otra envoltura y se dejan en el árbol hasta que estén blanqueados. Y solo entonces tiene lugar la ceremonia final. Vemos que las dos series se corresponden rigurosamente. Si consideramos que la primera exposición de los gnanjis corresponde al consumo de las carnes por los parientes entre los binbingas, se pasa así fácilmente del fenómeno observado en las tribus vecinas al que existe en el centro de Australia, entre los kaitish, por ejemplo, donde las exequias finales tienen lugar

directas, el endocanibalismo cobra su sentido entre las diversas prácticas destinadas a la denudación de los huesos en el período comprendido entre la muerte y el último de los ritos funerarios.

Hemos visto que el período de espera coincide en muchos casos con la duración real o presunta de la descomposición. Normalmente los ritos funerarios se celebran sobre los restos desecados, más o menos inmutables. Parece, pues, natural suponer que exista una relación entre la institución de las exequias provisionales y las representaciones a que da lugar la disolución del cadáver, a saber: no se puede pensar en dar sepultura definitiva al muerto en tanto esté inmerso en la infección[105]. Esta interpretación no es una hipótesis gratuita: la encontramos expuesta a lo largo del *Zend-Avesta* como un dogma esencial. Para los fieles del mazdeísmo, un cadáver es lo impuro por excelencia[106] y existen muchas prescripciones que tienen por objeto preservar contra el contagio fúnebre a las personas y cosas que pertenecen a la creación, hasta el punto de considerar un atentado a la salud de la tierra, del agua y del fuego el hecho de infligirles el contacto inmundo de un cuerpo muerto[107]. Este deberá ser relegado a una cierta altura, alejada y estéril, y, a ser posible,

después de algunos meses de exposición sobre un árbol, cuando toda la carne ha desaparecido de los huesos *(ibid.,* p. 508). Cf. Howitt, pp. 470 y 753; y sobre los botocudos, Rath, en Preuss, *loc. cit.,* p. 219; sobre los chirihuana, Garcilaso de la Vega, *Royal Commentaries of Peru* (1688), p. 278.
105. Esta es la explicación que sugiere a propósito de los malgaches, Grandidier *(op. cit.,* p. 214): «El objeto de esa costumbre parece ser no enterrar definitivamente los huesos con las materias putrescibles producidas por la descomposición de las carnes, que ellos consideran impuras».
106. *Zend-Avesta* (trad. Darmesteter), t. II, pp X y ss., y pp. 146 y ss.
107. *Vendidad,* III, pp. 8 y ss.; VII, pp. 25 y ss.

al interior de un recinto de piedra[108] «allí donde sabemos que siempre acuden perros y pájaros carnívoros»[109]. Los buitres y las fieras son, a ojos de los parsis, los grandes purificadores del cadáver, pues en las carnes corruptibles reside la *Nasu,* la infección demoníaca. Al cabo de un año, cuando los huesos estén completamente desnudos y secos, la tierra que los contenga será pura[110] y podrán ser tocados sin incurrir en suciedad[111], como declara Ormazo. Ese será el momento de depositarlos en un osario, su sepultura definitiva[112]. También en el zoroastrismo la exposición temporal tiene la función de aislar el cadáver considerado peligroso y al mismo tiempo asegurar su purificación. Pero lo que los textos asvésticos presentan quizá no sea más que una reflexión teológica refinada o tardía. Habrá, pues, que buscar en sociedades más jóvenes cuáles pueden ser los significados que conlleva la reducción del cuerpo a su esqueleto.

Los documentos indonesios dejan entrever una especie de simetría o paralelismo entre la condición del cuerpo, condenado a esperar cierto tiempo antes de poder penetrar en la sepul-

---

108. Estas son las célebres «torres del silencio» o *Dakhmas;* cf. Darmesteter, *ibid,* pp. 155 y ss.

109. *Vendidad,* VI, pp. 44 y ss.; VIII, p. 10. Es esencial que el cadáver «vea el sol»; cf. *ibid.,* III, p. 8, n. 14; VII, p. 45.

110. *Ibid.,* VII, p. 46.

111. *Ibid.,* VIII, pp. 33 y ss. A esta declaración le sigue el enunciado del principio general: «Lo seco no se mezcla con lo seco».

112. *Ibid.,* VII, pp. 49 y ss., y las notas. La costumbre de las segundas exequias ha caído en desuso entre los parsis contemporáneos, «los esqueletos desecados se arrojan dos veces al año al pozo central» del *Dakhma;* Darmesteter, *op. cit.,* p. 156. Pero en la antigua costumbre, observada aún en el siglo IX, el *Dakhma* era una especie de lazareto del que había que retirar los restos de los muertos, una vez purificados. La comparación entre el ritual iraní y el hindú confirmaría la interpretación que hemos dado de la cremación.

tura definitiva, y la del alma, que no será admitida normalmente en el país de los muertos hasta que se hayan cumplido los últimos ritos funerarios. Pero en otras provincias etnográficas ambas clases de hechos van unidas de manera más directa. Por ejemplo, algunos caribes de Guayana Francesa depositan provisionalmente al muerto en una fosa, sentado con todos sus adornos y armas, y le van llevando comida y bebida hasta que los huesos quedan completamente descarnados, pues, según ellos, «los muertos no van arriba hasta que no están sin carne»[113]. Asimismo, entre los botocudos, el alma permanece en las cercanías de la tumba hasta el fin de la descomposición, y mientras tanto se dedica a inquietar a los vivos que se le acercan[114]. Está claro que dichas tribus vinculan de manera explícita la disolución del cadáver con la creencia en una estancia temporal del alma sobre la tierra y con las obligaciones y temores que de ello se derivan. Así pues, no resulta arbitrario el aplazamiento de la partida final del alma hasta el momento en que haya quedado completamente separada del cuerpo.

Esta representación va ligada a la conocida creencia de que para mandar al otro mundo un objeto material o a un ser vivo, para liberar o crear su alma, hay que destruirlo pre-

---

113. Biet, *op. cit.,* p. 392; al término de este período tienen lugar las exequias finales, sobre las que volveremos. Cf. Roth, *Ethnol. Stud.,* p. 165, a propósito de la tribu de Boulia en Queensland: «El salvaje se representa vagamente el cadáver "volviéndose más viejo y yéndose a alguna otra parte", cuando cesa de llevarle tabaco y comida al lugar de la sepultura». Entre los indígenas cristianizados de las islas Paumotu, la viuda y los padres del muerto van a velar al muerto sobre su tumba todas las noches y le llevan, desde luego, comida; este rito es obligatorio durante dos semanas, período que corresponde, según afirman, a la disolución del cadáver; Stevenson, *In the South Seas,* pp. 185 y ss., y 201.
114. Rath, en Koch, «Animismus d. Südam», *Ind. in Intr. Arch. Ethn.* (1900), p. 26; en este texto no se hace mención de las segundas exequias.

viamente. La destrucción puede ser repentina, como en el sacrificio, o lenta, como en el desgaste gradual de las cosas consagradas que se depositan en lugar santo o sobre una tumba, y a medida que el objeto visible desaparece va reconstruyéndose en el más allá, más o menos transfigurado[115]. Dicha creencia se aplica también al cuerpo y al alma del difunto. Según los ainos, «la muerte no es cuestión de un momento», pues mientras no haya concluido la descomposición, la vida y el alma subsisten en cierto modo en el interior o en los alrededores de la tumba. «El alma se libera gradualmente de su tabernáculo terrestre» y, mientras tanto, conviene dejarla sola[116]. Con más detalles, idéntica representación aparece en ciertas tribus del noroeste americano: a medida que progresa la disolución del cadáver, las almas de los muertos precedentes vienen todas las noches a quitar la carne de los huesos y llevarla a la casa de las almas, que se halla situada en el centro de la tierra. Al término de esta operación, el muerto tendrá un cuerpo nuevo, similar al antiguo, salvo que los huesos se han quedado en la tierra[117].

115. Cf. Tylor, *Civilization Primitive,* t. I, pp. 558 y ss. Para el último punto, cf. Mariner, *Account of the natives of Tonga,* II, p. 129 (sobre los fijianos); *Geolog. Survey of Canada,* VIII (1895), p. 55 L (sobre los inuits de Labrador): se supone que el espíritu de los objetos materiales se libera cuando se estropean. En una historia irlandesa, relatada por Mooney (en *Proc. Americ. Philos. Society,* 1888, p. 295), un hijo manda confeccionar unas ropas en memoria de su padre muerto, para llevarlas él mismo, y a medida que él las usaba, iban vistiendo a su padre en el otro mundo.
116. Batchelor, *The Ainu,* p. 561. La misma representación existe sobre los objetos materiales. El autor no menciona el uso de la sepultura provisional. Sobre los ainos de Sekhalin, cf. Preuss, pp. 114 y 190. Fison encontró una creencia parecida en Australia, *Journ. Anthr. Inst.,* X, pp. 140 y ss.
117. Swan, sobre los makahs, en *Smithson. Contrib. to Knowl.,* XVI (1870), p. 84, y cf. pp. 78, 83 y 86; Eells, sobre los clallams y los twanas, en Yarrow,

Pero al lado de este duplicado espiritual de su cuerpo el hombre posee otra alma móvil relativamente independiente, que ya durante su existencia terrestre podía ausentarse en ciertas ocasiones y subsistir por sí misma. También puede llevar una vida separada después de la muerte, pues es precisamente su partida la causa de la desagregación del cuerpo. Sin embargo, la vieja solidaridad persiste, y aunque el alma alcance inmediatamente el país de los muertos no deja por ello de acusar el golpe de la situación en que queda el cadáver. En muchas islas melanesias se cree que el alma se debilita durante la putrefacción y que al llegar al otro mundo se queda temporalmente aletargada. Sin embargo, una vez desaparecidos los olores, el alma, acrecentadas su fuerza y su actividad, se convierte en un *«tindalo»,* un espíritu protector al que los vivos rendirán culto, «pues ha dejado de ser un hombre»[118]. Quizá haya que tomar literalmente esta última fórmula, pues en Melanesia se supone que los espíritus de los muertos, o de buen número de ellos, continúan viviendo en el cuerpo de diversos animales, en particular

op. cit., pp. 171 y ss., y 176; estas últimas tribus exponen el cadáver sobre una canoa elevada; al cabo de nueve meses, tiene lugar el enterramiento definitivo; los makahs actualmente proceden a la inhumación inmediatamente después de la muerte, pero parece que quedan trazos muy claros del uso antiguo.

118. Codrington, *op. cit.,* p. 260; cf. pp. 257, 277 y 286; el autor vincula a las mismas representaciones las prácticas seguidas en la isla de Saa (a propósito de los muertos distinguidos), que tienen por objeto acelerar la descomposición o impedir las emanaciones cadavéricas. De esta manera, las almas ricas en «mana» estarán activas y disponibles más rápidamente; solo estas últimas se convierten en tindalos, *ibid.,* p. 253; Penny, *Ten Years in Melan.,* p. 56. También encontramos aquí la noción de una estancia temporal del alma sobre la tierra; Codrington, pp. 267 y 284; Penny, p. 55. Cf. *Cambridge Exped. to Torres Straits,* V, p. 355.

de los tiburones y de los pájaros fragata[119]. La muerte no se consuma plenamente hasta que la descomposición toca a su fin; solo entonces el difunto deja de pertenecer a este mundo para entrar en otra existencia.

No es extraño que se encuentren en Madagascar ideas parecidas, puesto que los pueblos de esta isla están emparentados con los indonesios. Los sihanakas creen que, mientras la carne se separa de los huesos, el alma se resiente de crueles sufrimientos y que una vez superados, continúa viviendo indefinidamente como un espíritu, pero si sucumbiera, pasaría al cuerpo de una mariposa[120]. Puede que haya algún elemento extraño en la representación original, pero lo que resulta notable es el hecho de que el período intermedio se conciba como un tiempo de prueba y que los sufrimientos del alma vayan ligados a la transformación que tiene lugar en el cuerpo. Pero la creencia más extendida entre los malgaches es que los líquidos procedentes de la descomposición de la carne dan lugar al nacimiento de algún animal más o menos mítico, que no es otra cosa que la nueva encarnación del alma. Por eso dichos líquidos se recogen con cuidado en jarros de tierra, y a veces son regados con sangre de buey a fin de asegurar mejor el renacimiento del difunto. Los betsileos, por su parte, tienen prohibido dar sepultura a los restos del cuerpo y dedicarse a los trabajos del campo hasta que el difunto no haya «vuelto» bajo el aspecto de un pequeño gusano[121]. Se trata de la

119. Codrington, pp. 179-180; Penny, p. 56.
120. Lord, en *Antananarivo annual...*, VII (1883), p. 95.
121. Richardson (sobre los betsileos), *ibid.*, I (1875), pp. 73 y ss. Shaw, *ibid.*, IV (1878), pp. 6-7; Sibree, *Great Afric. Island,* p. 277; Grandidier, *op. cit.*, pp. 217, 221, 225 y 231; Guillain, *op. cit.*, p. 158. Cuando se trata de

misma noción bajo formas diversas: la disolución del viejo cuerpo condiciona y prepara la formación de un cuerpo nuevo que el alma habitará en lo sucesivo.

Pero hay que guardarse de atribuir a estas representaciones una generalización y un valor explicativo que no tienen. Caeríamos en la arbitrariedad al erigir en verdad universal una creencia determinada afirmando, por ejemplo, que en todos los casos el cuerpo nuevo del muerto está formado por su carne volatilizada[122]. De hecho, como después veremos, son los huesos los que a menudo parecen servir de soporte material al alma descarnada. Estas representaciones opuestas coinciden en lo que tienen de esencial, traduciendo de maneras distintas un tema constante, compuesto, al parecer, por dos nociones complementarias: la primera, que la muerte no se consuma en un acto instantáneo, sino que implica un proceso lento que en gran número de casos no se da por terminado hasta que la disolución del cuerpo llega a su fin; la segunda, que la muerte no es una simple destrucción, sino una transición que prepara el renacimiento, a medida que se consuma. Así, mientras el viejo cuerpo se arruina, se forma un cuerpo nuevo con el que el alma podrá entrar en otra existencia, casi siempre superior a la anterior, una vez cumplidos los ritos necesarios.

un gran personaje, los betsileos van a buscar la serpiente al cabo de algunos meses y con gran pompa la trasladan al poblado del que, en adelante, será su guardiana. Cf. Hollis, *The Masai,* p. 307; si se trata de un rico o de un hombre-medicina, en cuanto el cadáver se descompone el alma pasa al cuerpo de una serpiente, que se devuelve inmediatamente al *kraal* de sus hijos para velar por ellos.

122. Esta aserción ha sido mantenida por Kleinpaul en la obra citada, pp. 31-34: «Lo esencial, dice, es que los muertos se volatilizan; la descomposición es para los primitivos una suerte de sublimación cuyos productos constituyen un ser más elevado».

Durante este período en que la muerte todavía no se ha consumado, se trata al difunto como si aún estuviera vivo: le llevan de comer, sus padres y amigos le hacen compañía y le hablan[123], mientras sigue conservando y guardando celosamente los derechos sobre su mujer. La viuda es literalmente la mujer de un muerto, de un individuo en quien está presente la muerte y en quien se continúa; también ella es tenida durante todo ese tiempo como un ser impuro y maldito, y en buen número de sociedades se la condena a una vida abyecta de paria. Solo después de la ceremonia final quedará liberada y podrá recibir autorización de los padres del muerto para volver a casarse o regresar a su familia[124].

123. Cf. *supra*, p. 60, n. 112. El período intermedio y Grandidier, *op. cit.*, p. 225; Candelier, *Rio-Hacha*, p. 218, sobre los guajiros: los parientes próximos encienden fuegos y depositan víveres sobre la tumba durante nueve días, «pues para ellos no se está realmente muerto más que al cabo de esos nueve días». Observemos que este período no coincide con la duración de la sepultura provisional, que es de uno o dos años (hasta la completa desecación de los huesos); cf. Simons, *Roy. Geog. Soc.* (1885), p. 792. Cf. Ellis, *Polyn. Res.*, I, p. 404; Riedel, *Sluik- en kroesharige rassen,* pp. 267 y ss. (sobre los indígenas de las islas Aru).

124. Véase Wilken, «Das Haaropfer», en *Revue coloniale,* III, Apéndice. En muchos casos se supone que el alma del muerto sigue constantemente a la viuda, vigilando su conducta. Señalemos que, incluso en las sociedades donde rige la institución del levirato, el nuevo matrimonio suele tener lugar después de la ceremonia final. A veces, sin embargo (entre los chippewas, por ejemplo, cf. Yarrow *op. cit.,* p. 184), puede hacerse antes; entonces se releva o dispensa a la viuda del luto, no habiendo, por tanto, sucesión propiamente dicha, sino continuación del muerto en su hermano o primo; cf. Caland, *op. cit.,* pp. 42 y ss. Aunque los documentos relativos a estos hechos son numerosos y bien conocidos, citaremos solo algunos. Spencer y Gillen, *Native Tribes,* p. 502, y *Northern Tribes,* p. 507; sobre los indígenas de las islas Aru, Riedel, *Sluik- en kroesharige rassen,* p. 268; sobre los papúes, Van Hasselt, en *Mitt. Geogr. Ges. Iena,* X, p. 10. Rosenberg, *D. Mal. Archipel.,* p. 434; sobre los maoríes, Taylor, *Te Ika a Maui,* p. 99; sobre los indígenas de las islas Gilbert, Meinicke, *Inseln. des*

Asimismo, la herencia puede quedar intacta hasta el día en que el muerto abandone realmente este mundo[125]. Pero los hechos más instructivos son los que conciernen a la sucesión de los reyes o de los jefes.

La costumbre, que ya habíamos encontrado en la isla de Timor, de no proclamar al sucesor de un jefe hasta después de la ceremonia final, ha sido observada también en pueblos pertenecientes a diferentes grupos étnicos[126]. Podemos

Stillen Oceans, II, p. 339; sobre los iroqueses, Lafitau, *op. cit.,* II, p. 439; sobre los tolkotins, Yarrow, p. 145; sobre las tribus de Guayana, Kogh, *op. cit.,* pp. 70-71; sobre los negros, Kingsley, *Travels in W. Africa,* p. 483, Dieterle, en *Ausland* (1883), p. 756; sobre los fjorts, Dennett, *Notes on the Folk-lore...,* pp. 24, 114 y 156; sobre los Ba-Ronga, Junod, *Les Ba-Ronga,* pp. 66 y ss.; sobre los malgaches, Grandidier, *op. cit.,* pp. 217 y 262, Rabe, en *Antan. Ann.,* III, p. 65. Nada prueba que la muerte ritual de la viuda haya sido originalmente la norma general, como admite Wilken *(loc. cit.,* pp. 267 y 271).

125. Es el caso, por ejemplo, de los Ba-Ronga, Junod, *ibid.,* pp. 56-67, entre los sengas (Zambeze portugués), Declé, *op. cit.,* pp. 234 y ss.; cf. sobre los barabras, Ruete, en *Globus,* LXXVI, p. 339.

126. Entre los indios de Costa-Rica, cf. Gabb, en *Proc. Am. Phil. Soc.* (1875), p. 507, y Bovallius, en *Int. Arch. Ethn.,* II, p. 78; entre los fjorts, Dennett, *Seven Years...,* p. 178 y notas..., p. 24; entre los Ba-Ronga, Junod, *op. cit.,* pp. 56 y 128 y ss.; entre los wanyamwesi, Stuhlmann, *Mit Emin Pascha,* pp. 90-91; entre los tongans, Baessler, *Südsee Bilder,* pp. 332-334. El mismo fenómeno se presenta de otra manera en las tribus de negros de Liberia, donde el cadáver de un rey no se entierra definitivamente hasta la muerte de su sucesor. Durante todo el reinado de este, que coincide con la duración de la sepultura provisional, el ex rey «no se considera realmente muerto», sino que vigila a su sucesor y lo asiste en sus funciones. De esta manera un rey solo es verdadero titular de su cargo durante el período comprendido entre su muerte y la de su sucesor, ya que cuando vivía no ejercía más que una especie de regencia de hecho; cf. Büttikofer, en *Intr. Arch. Ethn.,* pp. 34 y 83-84. Rastros del mismo uso subsisten en Benín: la llegada de un nuevo rey no puede tener lugar más que cuando la muerte del antiguo está consumada; para asegurarse de ello se interroga a los servidores que han sido sepultados vivos con él, y mientras puedan responder que «el rey está muy enfermo» se le sigue

imaginar la clase de peligros a los que quedan expuestas las sociedades sometidas a semejante interregno, pues la muerte de un jefe determina en el cuerpo social un desgarro profundo que, de prolongarse, puede tener graves consecuencias. En muchos casos parece como si el golpe que ha atacado a la cabeza de la comunidad en la persona sagrada del jefe tuviera el efecto de suspender temporalmente las leyes morales y políticas, desencadenando las pasiones normalmente contenidas por el orden social[127]. Por eso no es de extra-

llevando comida y el pueblo continúa con el duelo; pero cuando, hacia el cuarto o quinto día, se hace el silencio se procede a la entronización del sucesor; Roth, *Benin,* p. 43; cf. Nassau, *Fetichism,* pp. 220-221.

127. En algunas sociedades, la existencia de un período de anarquía y de una especie de saturnal, tras la muerte de los jefes o de sus parientes, es un fenómeno regular. En Fiyi, las tribus sometidas irrumpen en la capital y se libran a toda suerte de excesos sin encontrar resistencia. Fison, en *Journ. Anthr. Inst.,* X, p. 140; igualmente en el archipiélago de las Carolinas, cf. Kubary, en *Orig. Mitt. d. Ethnol. Abteil. d. Konigl. Mus. Berlin,* I, p. 7, y *Ethnogr. Beiträge,* p. 70, n. 1, y entre los maoríes, Colenso, *On the Maori Races,* pp. 39 y 63, y Dumont d'Urville, *Hist. gén. de voyages,* II, p. 448: la familia del jefe muerto es despojada de sus alimentos y bienes muebles. Señalemos que la misma reacción se produce cada vez que un tabú ha sido violado. La muerte del jefe es un verdadero sacrilegio por el cual su entorno debe ser castigado. Así pues, el bandidaje cometido por los extranjeros sería una expiación necesaria. En las islas Sandwich, las gentes son presas de una verdadera furia a la que se da un nombre especial; con ocasión de ello se cometen todo tipo de actos considerados habitualmente como criminales (incendio, pillaje, muerte, etc.), y las mujeres tienen la obligación de prostituirse públicamente; Ellis, *Polynes, Researches,* IV, pp. 177 y 181; Campbell, *A voyage round the world,* p. 143; cf. sobre las islas Marianas, Le Gobien, *Histoire des îles Marianes* (1700), p. 68, y sobre las islas Gambier, Cuzent, *Voyage aux Gambier,* p. 118; sobre los betsileos, Shaw, *loc. cit.;* sobre los tschis, Dieterle, *op. cit.,* p. 757; sobre los waidahs, Bosman, *Voyage de Guinée* (1705), pp. 390 y ss.: «Tan pronto como la muerte del rey se hace pública, cada uno roba a su prójimo, a cual más y mejor, sin que nadie tenga derecho a castigarle, como si la justicia muriera con el rey»; los pillajes cesan al proclamarse sucesor.

ñar la costumbre de ocultar la muerte de un soberano por un período de tiempo más o menos largo. Mientras el entorno inmediato del difunto, sabedor de la verdad, ejerce el poder en su nombre, los demás siguen creyendo que el jefe solo está enfermo[128]. En Fiyi, el secreto se guarda durante un período que oscila de cuatro a diez días, y cuando los súbditos que sospechan algo, impacientes por robar y destruir legítimamente, vienen a preguntar si el jefe está muerto, le responden que «su cuerpo se acaba de descomponer en ese momento». Los visitantes, decepcionados, no tienen más remedio que irse; han llegado demasiado tarde y la ocasión ha pasado. Para el autor que cuenta estos hechos, la idea fundamental es que mientras la descomposición no esté suficientemente avanzada no se habrá terminado con el difunto, y, por tanto, su autoridad no podrá ser transmitida a su sucesor, pues, aunque la mano del muerto ya no pueda sostener el cetro, su poder no ha desaparecido[129]. Habrá que esperar a que el rey haya muerto totalmente para poder gritar: ¡Viva el rey!

Si la consumación de la muerte lleva su tiempo, tampoco las malas energías que ella pone en marcha agotan su efecto en un instante, amenazando con sumar nuevas víctimas entre los vivos de la comunidad. Es cierto que existen lugares que pueden, hasta cierto punto, atenuar la peligrosa im-

---

128. Véanse las notas precedentes; cf. Grandidier, *op. cit.,* pp. 218 y 220.
129. Fison, *loc. cit.;* el autor no hace mención de las dobles exequias. Williams *(Fiji and the Fijians,* pp. 187 y ss.). Dice solamente que en Vanua Levu el anuncio de la muerte de un jefe es la señal para el pillaje, sin intentar en absoluto mantenerla en secreto durante algún tiempo. El mismo autor relata (p. 204) una tradición interesante que parece atestiguar la antigua existencia de un rito de exhumación; cf. p. 198.

pureza del cadáver[130], pero no por ello deja de ser un foco permanente de infección contagiosa. De la sepultura provisional emana una influencia nociva[131] que hace que los vivos eviten su proximidad. El temor que inspira la cercanía de la muerte es tan intenso que, a veces, determina verdaderas migraciones. En las islas Andamán, por ejemplo, los indígenas, después de haber enterrado al muerto, huyen de la aldea y van a acampar lejos, en chozas temporales. Solo al cabo de varios meses, llegado el momento de recoger los huesos y celebrar la ceremonia final[132], volverán a su hábitat normal. La prohibición que se cierne sobre el individuo mientras la muerte se cumple en él se comunica no solo al lugar donde se encuentra, sino a las cosas que le han pertenecido. En diversas islas melanesias no se puede tocar la canoa del difunto, ni sus árboles, ni su perro, has-

---

130. Así, en Tahití la ceremonia que tiene lugar inmediatamente después de haber colocado el cuerpo sobre la plataforma tiene por objeto «enterrar la impureza» con el fin de evitar que se adhiera a los supervivientes; Ellis, *op cit.,* pp. 401-403. Cf. sobre los maoríes, Taylor, *op. cit.,* p. 99. Igualmente, el ritual avéstico que prescribe llevar cerca del cadáver «un perro amarillo de cuatro ojos», pues la mirada de ese perro «ataca a la Infección»; se dice expresamente que este rito del Sagdid atenúa, pero no suprime, el peligro de impureza; *Zend-Avesta,* p. XI, p. 149, y *Vendidad,* VII, pp. 29 y ss., y VIII, pp. 16 y ss.

131. En Tahití recibe un nombre especial: *aumiha;* Ellis, *op. cit.,* p. 405. Entre los bribis de Costa Rica, la cosa más impura (aparte del cuerpo de una mujer encinta por vez primera) es un cadáver: un animal que pase cerca de la sepultura provisional quedará contaminado, por lo que habrá de ser sacrificado, y su carne no podrá comerse; Gabb, *op. cit.,* p. 499. Igualmente los *Dakhmas* son lugares malditos «donde se precipitan las bandas de demonios, donde se producen las enfermedades», y donde se perpetran los crímenes, *Vendidad,* VII, pp. 56 y ss.

132. Man, en *Journ. Anthr. Inst.,* XI, pp. 281 y ss., XII, pp. 141 y ss.; se cuelgan, alrededor de la aldea abandonada, guirnaldas de hojas, para advertir del peligro a los extranjeros.

ta que las exequias definitivas no hayan levantado el tabú mortuorio[133].

La institución del duelo[134] debe ir unida a las mismas representaciones. Si la impureza fúnebre se prolonga durante un tiempo, es porque la muerte dura hasta el cumplimiento de los últimos ritos y se produce una solidaridad estrecha y obligatoria entre el que ya no existe y algunos supervivientes. Existe un vínculo interno más intenso de lo que parecen indicar los acontecimientos indonesios entre el estado del difunto y el de sus parientes próximos durante la fase intermedia[135]. Esto queda explicitado en una tradición maorí, que relata las últimas palabras de un jefe a su hijo: «Durante tres años —le dice— es necesario que tu persona sea sagrada y que permanezcas separado de la tribu..., pues durante ese tiempo mis manos recogerán tierra y mi boca comerá constantemente gusanos y comida inmunda, la única que se les ofrece a los espíritus en el mundo de allá abajo. Cuando llegue el cuarto año, y mi cabeza caiga sobre el cuerpo, despiértame de mi sueño y muestra mi cara a la luz del día: cuando yo me levante, tú serás *noa,* libre»[136]. Que-

133. Verguet, en *Revue d'Ethnographie* (1885), p. 193. Somerville, en *Journ. Anthr. Inst.,* XXVI, p. 404.

134. Entendemos por esa palabra no la crisis emocional violenta que se produce inmediatamente después de la muerte o, a veces, durante la propia agonía, sino el estado duradero y prolongado impuesto a ciertos parientes del muerto hasta un momento prescrito. Sobre esta distinción (que no tiene nada de absoluto), cf. Ellis, *op. cit.,* pp. 407 y ss.; Lafitau, *op. cit.,* II, p. 438; Nassau, *Fetichism,* p. 219.

135. Entre los todas, la palabra *kedr,* que significa «cadáver», designa a la vez el intervalo comprendido entre las primeras y las segundas exequias y la condición especial en que se encuentran los parientes del muerto durante ese período; Rivers, *op. cit.,* pp. 363 y ss.

136. Shortland, *Maori Religion* (1882), p. 52. El relato añade que antes de que expirara el plazo fijado el hijo quebrantó una de las prohibiciones;

da patente que el duelo no es más que la réplica directa en la persona de los vivos, del propio estado del muerto[137].

La solidaridad que une al difunto con sus parientes más próximos se expresa en algunas sociedades a través de ciertos usos que ya hemos rastreado entre los indonesios. Sus parientes, en especial la viuda, tienen obligación de recoger diariamente, o en fechas determinadas, los líquidos que produce la descomposición de la carne, para embadurnarse el cuerpo o mezclarlos con su comida[138]. Quienes observan es-

entonces «los restos sagrados de su padre se volvieron contra él, y murió». Señalemos de paso que aquí se supone que el alma pasa el período de transición en el país de los muertos subterráneo y tenebroso. Quizá haya una relación entre esta creencia y el hecho de que el tipo de sepultura provisional sea el enterramiento. El destino final de las almas de los jefes es ir a reunirse con los dioses en el cielo. Cf. Taylor, *op. cit.,* p. 100. No es necesario ver en el texto citado la fantasía arbitraria de un moribundo, pues los ritos prescritos son efectivamente observados, con la salvedad de que el plazo que precede a la exhumación no es, en general, superior a dos años; Taylor, *ibid.,* pp. 99 y ss., y Tregear, en *Journ. Anthr. Inst.* (1889), p. 105. Señalemos, sin embargo, que entre los propios maoríes, por medio de ritos apropiados, se puede liberar incluso al pariente más próximo del muerto de la cualidad especial que ha contraído y romper el vínculo que le unió al muerto, siendo el duelo entonces extremadamente reducido. Shortland, *ibid.,* pp. 53-63.

137. Hemos conjeturado que, en los casos en que la duración del duelo no coincide con la de la sepultura provisional, este se acorta; cf. *supra,* pp. 47-48. Este hecho parece históricamente demostrable en lo que concierne a Fiyi. En esa isla (donde las primeras exequias son definitivas), el duelo dura solamente de diez a veinte días, llamándose a ese período «las cien noches», y siendo esa precisamente la duración del duelo y de la sepultura provisional en las otras islas melanesias. Parece, pues, que el duelo en Fiyi, cuya duración original era de cien días, se ha visto acortado. Cf. Wilken, en *Revue Colon.,* VI, p. 349; Codrington, *op. cit.,* pp. 282-284; Somerville, en *Journ. Anthr. Inst.,* XXVI, pp. 403-404.

138. Cf. para los australianos, Spencer y Gillen, *Northern Tribes,* p. 530; Howitt, *op. cit.,* pp. 459, 467-468 y 471; para los papúes de Nueva Guinea, Turner, *Samoa,* p. 348; Van Hasselt, *Mitt. Geogr. Ges. Iena* (1886), p. 118;

tas prácticas, las justifican alegando su afecto por el difunto y el dolor que sienten por haberlo perdido. Pero estos móviles no bastan para dar cuenta del rito, pues en muchos casos es obligatorio, y las mujeres a las que incumbe están amenazadas con la pena capital si no se someten a él[139]. No se trata, pues, simplemente de la expresión espontánea de un sentimiento individual, sino de la participación forzosa de ciertos supervivientes en la condición del muerto. Hay que dar a la muerte lo que pertenece a la muerte; de otra manera, los estragos continuarían en el interior del grupo. Comunicando de alguna manera con el muerto, los supervivientes se inmunizan y evitan que la sociedad se vea afectada por nuevos males. A veces pretenden asimilar de esa forma las cualidades del muerto[140], o absorber la potencia mística que reside en el cadáver[141]. Pero sea por deber o por interés, esas gentes viven en un contacto íntimo y continuado con la muerte, por lo que la comunidad de los vivos los arrojará fuera de sí[142].

para los insulares de Tud, Gill, en *Cambr. Anthr. Exp. to Torres Straits,* V, p. 258; para los de las islas Aru, Kolff, *Voyages of the Dourga,* p. 167; Riedel, *op. cit.,* p. 267; Ribbe, en *Festchr. Ver. f. Erdkunde Dresden* (1888), p. 191; Webster, *Through N-Guinea,* pp. 209 y ss.; para los indígenas de Nueva Bretaña, de las islas Banks y Gilbert, Danks, en *Journ. Anthr. Inst.,* XXI, pp. 354 y ss.; Codrington, *op. cit.,* p. 268; Half, *U.S. Explor. Exped.,* VI, pp. 99-100; Meinicke, *Inseln des St. Oceans,* II, p. 339; para los malgaches, Grandidier, *op. cit.,* p. 217; entre los tolkotins de Oregón la viuda observa el mismo rito en el transcurso de la cremación, Cox en Yarrow, *op. cit.,* pp. 144 y ss.

139. Spencer y Gillen, *loc. cit.;* Van Hasselt, *loc. cit.*

140. Es así como estas prácticas se confunden, a veces, con el endocanibalismo propiamente dicho.

141. Es frecuente que un objeto tabú contenga un poder mágico susceptible de ser utilizado en ciertas condiciones. El rito que nos ocupa puede convertirse así en una simple operación mágica sin relación alguna con el duelo; cf. Kingsley, *Travels,* p. 478, Dos Santos, en Theal, *Records,* VII, p. 289.

142. Asimismo, en Tahití los embalsamadores eran evitados por todo el mundo mientras durara su trabajo, pues habían sido tocados por la impu-

Esta exclusión no supone necesariamente un contacto material de los vivos con el cadáver. Mientras la muerte esté actuando, la familia inmediata del difunto se verá expuesta a «la acción tenebrosa de las potencias hostiles». En las sociedades poco civilizadas no existe una clara distinción entre la desgracia y la impureza, sino que la propia aflicción contamina profundamente a la gente en duelo[143]. Su propia integridad física está empañada y apenas se distingue su cuerpo del cadáver. «"La gente tiene horror de mi cuerpo", dice un Hupa de luto, "hasta el punto de no tener mi fuego donde lo tienen los demás, de no comer lo mismo que los otros, de no mirar a la gente. De tal manera les espanta mi cuerpo"»[144]. Son con toda propiedad «gente de muerte»[145], viven en las

reza mortuoria; tampoco podían alimentarse por sí mismos por miedo a que la comida, ensuciada por el contacto con sus manos, les causara la muerte. Ellis, *op. cit.,* p. 403.

143. Cf. Junod, *Les Ba-Ronga,* pp. 55 y 471; Casalis, *Les Bassoutos,* pp. 269 y ss.

144. Goddard, *Hupas,* I, pp. 78 y ss.; II, p. 351; las personas de luto son colocadas, junto a las mujeres que han dado a luz recientemente o que tienen sus reglas, en la categoría de gente que tiene un «cuerpo malo», estropeado. Entre los unalits de Alaska, el primer día después de la muerte todos los habitantes del pueblo se encuentran como blandos y sin nervio, quedando solo un débil poder de resistencia frente a las influencias malignas; al día siguiente se declaran un poco más duros; el tercer día dicen que como el cadáver se está congelando, ellos están próximos a volver a su solidez normal: un baño de orina los liberará entonces del mal y reafirmará su carne; Nelson, *Ann. Rep. Bur. Ethn.,* XVIII, pp. 313 y ss. Vemos que existe una relación estrecha entre el estado del cadáver y el de los supervivientes. ¿Habrá que ver en esta representación una forma particular (en relación con el clima ártico) de la creencia general sobre la disolución del cuerpo? Observemos que el alma no deja la tierra hasta el cuarto día después de la muerte y que, al menos entre los inuits del bajo Yukón *(Kwilpagemutes),* las exequias no tienen lugar sino al cabo de ese lapso de tiempo; cf. Jacobsen, *Reise an der N.-W. Küste,* p. 196.

145. Este es el nombre bajo el cual se designa a las personas de luto en la isla Mabuiag; *Rep. Cambr. Anthr. Exped.,* V, p. 249.

tinieblas[146] y están muertos desde el punto de vista social, ya que toda participación activa en la vida colectiva no haría más que propagar la maldición que llevan consigo[147].

Hemos intentado poner de manifiesto, en el período que precede a las exequias definitivas, la relación que une la condición del alma y el duelo con el estado del cuerpo, pero no pretendemos, de ninguna manera, que los tres términos vayan indisolublemente ligados de tal forma que no puedan presentarse el uno sin el otro. Esta afirmación absoluta chocaría de inmediato con la realidad de los hechos, pues casi no hace falta decir que encontramos la creencia en una estancia temporal del alma sobre la tierra y la institución del duelo prolongado en sociedades donde no se ha rastreado

146. Entre los basoutos la misma palabra significa «tinieblas y duelo»; Casalis, *ibíd*, p. 335.

147. Citemos, a título de ejemplo, la serie de tabúes de duelo que encontramos entre los kwakiults: durante cuatro días, el pariente más próximo del muerto no puede hacer movimiento alguno; después, tras una ceremonia de ablución, puede, durante los doce días siguientes, moverse un poco, aunque no andar, y si se le habla se puede estar seguro de causarle la muerte. Si una mujer mayor lo alimenta durante la marea baja, dos veces al día, con salmón cocido el año anterior (todos estos elementos pertenecen a un orden de cosas contrario a la vida), entonces volverá a recuperar progresivamente la libertad de moverse y comunicarse con los otros. Boas, *Proc. Am. Phil. Soc.* (1887), p. 427. Entre los warramungas se impone el silencio absoluto, incluso sobre diferentes grupos de parientes del muerto, durante el transcurso del duelo; Spencer y Gillen, *Northern Tribes*, p. 525. Una fórmula típica de tabú alimentario se encuentra entre los indígenas de una de las Nuevas Hébridas: la «buena comida» está prohibida a los parientes inmediatos del muerto; en especial, no deben comer los frutos de los árboles cultivados, sino solamente los frutos salvajes de la selva; Codrington, *op. cit.*, p. 281. Recordemos, en fin, el hecho corriente de que las personas de luto son «dispensadas de los deberes de urbanidad», deben abstenerse de todo trabajo social en general, de las fiestas y asambleas públicas, y de las ceremonias del culto; cf. Lafitau, *op. cit.*, II, p. 438.

ningún signo de dobles exequias. El final del período de espera se fija a veces de manera convencional. Así, por ejemplo, en algunas tribus indias de América del Sur entierran el cadáver inmediatamente, atándole una cuerda cuya extremidad es visible en la superficie de la tumba; cuando la cuerda desaparece a causa de la lluvia o el desgaste es señal de que el alma del muerto, presente hasta entonces cerca del cadáver, ha partido por fin al otro mundo[148]. Pero lo más frecuente, cuando el muerto recibe sin dilación la última sepultura, es que las representaciones relativas al tiempo impongan el fin de las observancias[149]. La muerte no quedará plenamente consumada, el alma no dejará la tierra, ni el duelo de los vivos tendrá fin hasta que se haya cumplido un período de tiempo completo; este período podrá ser de un mes o un año, pero, en todo caso, la vuelta del día marcará el fin de la mala era y el comienzo de otra vida. Muchas veces también la creencia en el carácter eminente y sagrado de un número concreto tiene una importante influencia. Así se explica el hecho, frecuente en las sociedades de América del Norte, de que la duración de la estancia del alma sobre la tierra o de su viaje hacia el otro mundo esté limitada a cuatro días[150]. ¿Hay que considerar estos hechos como frag-

148. Cf. para los indios koggabas de Colombia, Sievers, *Reise ind. Sierra Nevada,* p. 97; sobre los colorados de Ecuador, Seler, *op. cit.,* p. 6; sobre los sacchas, Koch, *op. cit.,* p. 85.
149. Estas representaciones intervienen también en el caso de las dobles exequias y suelen determinar el período que se juzga necesario para que la desecación sea completa. Así es como la ceremonia final coincide muchas veces con el aniversario de la muerte.
150. Cf. para los inuits, Nelson, *op. cit.,* pp. 310 y ss, 319 y 427; Turner, *Rep. Bur. Ethn.,* XI, pp. 192-193; Pinart, *Esquimaux et Koloches,* p. 5; Venjaminov, en *Nouvelles Anuales des Voyages,* CXXIV, p. 122, etc.; para los indios otoe, Yarrow, *op. cit.,* p. 97; para los sioux Hidatsa, *ibid.,* p. 199;

mentos separados y distintos del conjunto más complejo que hemos analizado? No es fácil zanjar esta cuestión con certeza, pero estaríamos tentados de responder afirmativamente, admitiendo que existe una conexión natural entre las representaciones relativas a la disolución del cuerpo, la salida del alma y el estado de los supervivientes durante el mismo período.

para los zuñis, Stevenson, *Rep. Bur. Ethn.,* XXII, pp. 307-308; para los hopis, Voth, en *Field Colum. Mus.* (1905) *Anthr. Ser.,* VIII, p. 20; para los sias, Stevenson, *Rep. Bur. Ethn.,* XI, p. 145; para los aztecas, véase *supra* p. 53-54, n. 91. El período intermedio; para los pipilos, Palacios, en Ternaux-Compans, *Recueil de documents,* p. 37; en algunos de esos textos el período indicado es no ya de cuatro días, sino de cuatro meses o cuatro años. El número 40 desempeña el mismo papel en diversos pueblos. Cf. sobre los rumanos, Flachs, *Rumänische... Todtengebräuche,* p. 63; sobre los búlgaros, Strausz, *Die Bulgaren,* pp. 451-453; sobre los abchases (mahometanos) del Cáucaso, v. Hahn, *Bilder aus d. Kaukasus,* pp. 244-246 (el alma es presa de grandes sufrimientos expiatorios y los parientes mantienen un duelo extremado); sobre los barabras (musulmanes de Nubia), Ruete, en *Globus,* LXXVI, p. 339; sobre los tchérémises, Smirnov, *Populations finnoises,* I, pp. 140-144 (la obligación de los parientes de subvenir a la alimentación del muerto cesa con el 40.° día). Recordemos, en fin, que cuarenta días transcurrían entre la muerte de los antiguos reyes de Francia y sus funerales, durante los cuales servían de comer al rey difunto, representado en efigie; cf. *Curiosités des traditions...* (1847), p. 294. Sobre el importante papel del número sagrado 3 (o el 9) en los usos funerarios de los antiguos griegos y romanos, cf. Diels, *Sibillin. Bläter,* pp. 40-41.

2. La ceremonia final

La institución de una gran fiesta, ligada a las exequias definitivas, es frecuente entre los indonesios. Bajo distintas denominaciones se encuentra en la mayor parte de las islas del
archipiélago malayo, desde Nicobar, en el oeste, hasta Halmahera (al este). Dicha fiesta, que dura varios días, y a veces incluso un mes[151], tiene una importancia extrema[152] para los
indígenas y precisa unos preparativos laboriosos y unos gastos
tales que suelen dejar en la miseria a la familia del muerto[153];

---

151. El *Tiwah* de los olo ngadju dura de ordinario siete días; Grabowsky,
Tiwah, p. 196. En Halmahera las ceremonias duran todo un mes y a veces
más; v. Baarda, *Ein totenfest auf Halmaheira,* en *Ausland,* p. 903.

152. Kloss (*In the Andamans and Nicobars,* p. 283) a propósito de los habitantes de Kar Nicobar, nos dice que esa es la más importante de todas
sus ceremonias.

153. Cf. para Timor, Forbes, *op. cit.,* p. 434; Braghes (*Rhein. Missionsh.,*
1882, p. 105) cita el caso de los dayaks que se contratan como esclavos a
fin de poder sufragar los gastos del *Tiwah;* esta es, según Schwaner (en
Ling Roth, II, CLXXIII), la fiesta más costosa en la cuenca del Barito.

numerosos animales[154] se sacrifican con este motivo, siendo consumidos en banquetes que degeneran con frecuencia en inmensas orgías. Para tal ocasión se envían invitaciones, nunca rechazadas, a todos los pueblos de los alrededores[155]. Por diversos motivos dicha fiesta tiende a celebrarse con carácter colectivo, pues de ordinario los gastos sobrepasan extraordinariamente los recursos de que dispone una familia aislada, y, además, una interrupción tal de la vida corriente no puede repetirse a menudo. Los olo ngadju celebran el *Tiwah* para varios muertos a la vez, siendo compartidos los gastos por las familias interesadas[156]. En otras sociedades la fiesta se repite regularmente cada tres años, por ejemplo, y se celebra en común para todos los que han muerto en ese período de tiempo[157], implicando directamente no ya a la familia de un muerto concreto, sino a la aldea en su conjunto.

---

154. Entre los topebatos del centro de las Célebes, con motivo de una fiesta que se consideraba de poca importancia, mataron 80 búfalos, 20 cabras y 30 cerdos (Kruijt, en *Med. Ned. Zend. gen.*, XXXIX, p. 35); Rosenberg (*Mal. Archip.*, p. 27) menciona la cifra de 200 búfalos (en el caso de un jefe) para los bataks de Pertibi.

155. Cf. Perham, sobre los dayaks marítimos en Roth, I, p. 207; Grabowsky (sobre los olo maanjan), en *Ausland* (1884), p. 472. En Kar Nicobar todos los pueblos de la isla son invitados a la fiesta (Solomon, en *J. A. I.*, XXXII, p. 205). Entre 800 y 1.000 personas pueden participar en el principal banquete del *Tiwah*, Grabowsky, p. 203.

156. Hardeland, *Grammatik*, p. 351; Grabowsky, *Tiwah*, p. 188.

157. Cf. para los olo maanjan, Grabowsky, en *Ausland* (1884), p. 47, y Tromp, *Rhein, Missionsh.* (1877), p. 47; para los alfourous del centro de las Célebes, Kruijt, *op. cit.*, p. 34: el intervalo es de una media de tres años; entre los toundaes, la regla es celebrar la fiesta cuando haya diez muertos en el pueblo; la fecha no es nunca rigurosamente fija; para los habitantes de Kar Nicobar, Kloss, *op. cit.*, pp. 285 y ss., y Solomon, *op. cit.*, p. 209: la fiesta se repite cada tres o cuatro años, pero todos los habitantes de la isla no pueden celebrarla al mismo tiempo (sin duda porque los diferentes pueblos ejercen alternativamente entre sí la función de an-

La ceremonia final tiene un triple objeto: dar a los restos del difunto la sepultura definitiva, asegurar el reposo del alma y su acceso al país de los muertos y relevar a los supervivientes de la obligación del duelo.

a) *La sepultura definitiva.*—Para los dayaks del suroeste de Borneo, la última morada del cuerpo es una casita de madera de jabí (piedra-hacha) que, esculpida con gran delicadeza, se eleva sobre postes del mismo material. Este monumento lleva el nombre de *sandong,* y constituye una sepultura familiar que puede contener a gran número de individuos[158] con sus almas, durante muchos años. Existen dos tipos que apenas se diferencian entre sí, salvo en contenido y dimensiones: el *sandong raung,* destinado a servir de receptáculo a los féretros que contienen los restos desecados de los muertos, y el *sandong tulang,* de proporciones muy reducidas, que no recoge más que las osamentas envueltas en una tela o cerradas en un tarro, frecuentemente sometidas a una incineración previa[159]. El emplazamiento de este

fitriones y huéspedes). También aquí se espera a que los restos de todos esos muertos estén desecados. Pero esta última condición no se observa en otras partes, de lo que se puede deducir que la fecha de las exequias definitivas es independiente del estado del cadáver.

158. Una media de treinta (en el caso del *sandong raung*): Grabowsky, *Tiwah,* p. 189, cuando un *sandong* está lleno, se construye un segundo, y después, un tercero al lado (Perelaer, *op. cit.,* p. 246).

159. Hardeland, *Wörterb.,* p. 503; Braches, *op. cit.,* p. 101; Grabowsky, *op. cit.,* pp. 188-189, pp. 200-201; Meyer y Richter, *op. cit.,* pp. 125 y ss. *Raung* significa «féretro», *tulang,* «osamentas». El *sandong tulang* se sube muchas veces sobre un solo poste. La costumbre de la cremación de los huesos se encuentra en diferentes pueblos del archipiélago malayo, por ejemplo, entre los batakos, Hagen, en *Tijdschr. v. Ind. T. L.,* en *VK.,* XXVIII, p. 517; entre los balineses, Crawford, *op. cit.,* p. 255, y Van Eck, en Wilken, *Animisme,* p. 52; entre los ot danom, Schwaner, *Borneo,* II, pp. 76 y 151.

monumento funerario no es fijo: muchas veces el *sandong* se eleva en las inmediaciones de la casa, dentro de la cerca que protege a la aldea[160], y otras se instala bastante lejos, en un terreno especialmente consagrado a la familia[161].

Ninguno de estos dos tipos de sepultura es exclusivo de los dayaks del sureste, sino que se encuentran entre algunas tribus de Borneo y en otras islas del archipiélago[162], pudiendo ser relacionados con formas más primitivas que se hallan en pueblos de la misma familia. El *sandong tulang* parece derivar de la costumbre, aún vigente en las tribus del interior de Borneo, consistente en encerrar los restos del muerto en el tronco de un árbol de jabí (piedra-hacha), previamente ahuecado a este efecto[163]. En cuanto al *sandong raung,* se trata sin duda de una modificación de la extendi-

Este uso quizá se deba a la influencia hindú, pero en todo caso no altera de ninguna forma el tipo normal indonesio.
160. Cf. Schwaner, *op. cit.,* I, pp. 217-218, y II, pp. 7, 85 y 120; Grabowsky, *loc. cit.;* S. Müller, *op. cit.,* p. 402: una aldea se enorgullece del número de *sandongs* que encierra, debido a la riqueza que ello representa.
161. Este alejamiento está probablemente relacionado con el carácter *pali* o tabú del osario; cf. Braghes, p. 103; Grabowsky, p. 198, n. 1. Los documentos relativos a los olo ngadju no nos permiten afirmar si los *sandongs* de las diversas familias que componen el pueblo se encuentran reunidos constituyendo un verdadero cementerio, como ocurre con los olo maanjan del Sihong, según Tromp, *Rhein. Missionsb.* (1877), p. 43, y Grabowsky, en *Ausland* (1884), p. 474.
162. Tanto es así que al *sandong raung* corresponde el *salong* de los kayans, y al *sandong tulang* el *klirieng* de los dayaks marítimos de Sarawak; cf. L. Roth, I, pp. 146 y 148; Nieuwenhuis, *op. cit.,* I, p. 90, y para Halmahera, Baarda, *loc. cit.*
163. Cf. L. Roth, *loc. cit.,* y pp. 152 y 153; Grabowsky, en *Ausland* (1888), p. 583; Kükenthal, *op. cit.,* p. 270; Tromp, en *Bijdr. t. d. T. L. en Vk. v. Nederl. Ind.,* 5.° v., dl. III, p. 92; Schwaner, en Roth, II, app., p. CXCVI; este último autor indica la posibilidad de tal filiación. Los textos citados nos proporcionan un punto intermedio entre el árbol viviente de los orangot y los *sandong tulang.*

da costumbre del archipiélago malayo de reunir al final los féretros que contienen las osamentas en las grietas de las rocas o en cavernas subterráneas[164].

Pero esta variedad de formas de sepultura definitiva[165] es secundaria para nosotros. Lo esencial es que en la mayor parte de los casos presenta un carácter colectivo, o al menos familiar. En este sentido contrasta claramente con la sepultura provisional, donde el cadáver permanece, como hemos visto, generalmente aislado. El traslado de los restos, después de la ceremonia final, no es, pues, un simple cambio de lugar, sino una transformación profunda en la condición del difunto, al sacarlo del aislamiento en el que estaba sumergido desde la muerte y reunir su cuerpo con el de sus antepasados[166], hecho que se evidencia con claridad

164. Cf. para Borneo, Grabowsky, *Tiwah*, p. 200; Nieuwenhuis, *op. cit.,* I, p. 376; Tromp, *op. cit.,* p. 76; Creagh, en *Journ. Anthr. Inst.,* XXVI, p. 33 (descripción de una caverna que encierra 40 féretros); para las Célebes, Riedel, en *Int. Arch. Ethn.,* VIII, pp. 108-109; Meyer y Richter, *op. cit.,* p. 139; Adriani, en *Med. Ned. Zend.,* XLIII, pp. 28 y 38; Kruijt, *op. cit.,* p. 236; Matthes, *Verslag van een uitstapje naar de ooester distr. v. Celebes,* pp. 68-69; este último autor visitó tres grandes cavernas subterráneas; en todas ellas había cierta cantidad de osamentas de muertos alineadas y gran parte de ellas estaban encerradas en féretros, pues dichas cavernas habían servido, antes de la introducción del islamismo, como lugares regulares de sepultura.

165. No hemos agotado la lista de ellos. De hecho, el enterramiento (definitivo) también se menciona en ocasiones.

166. Braches, *op. cit.,* p. 101. En la isla de Nías, en el transcurso de una ceremonia análoga de la que hablaremos, la viuda clama al muerto y le dice: «Venimos a buscarte, a llevarte fuera de tu cabaña solitaria y conducirte a la gran casa (de los ancestros)» (la choza solitaria es idéntica al *pasah* de los olo ngadju, cf. p. 29, n. 10: el período intermedio), Chatelin, en *Tijdschr. v. Ind. T.L.* en *Vk,* XXVI, 149. Creemos que hay que interpretar en el mismo sentido las fórmulas pronunciadas en el curso del canto de apertura del *Tiwah:* en él se conjura a los espíritus «a poner término al estado de apartamiento del difunto, que es parecido... al pájaro perdido

al estudiar los ritos practicados en el transcurso de las segundas exequias.

Normalmente, los restos de aquellos por quienes se celebra la fiesta se retiran de la sepultura provisional y se llevan a la aldea, a la «casa de los hombres» suntuosamente decorada o a una casa erigida especialmente para este fin[167], depositándose en una especie de catafalco[168]. Pero antes hay que proceder a una operación que algún autor presenta como el acto esencial de esta fiesta[169]: el lavado cuidadoso de los huesos[170]. Si no estuviesen completamente descarnados, serán despojados de la carne que aún tuvieran adherida[171] para colocarlos después bajo una envoltura que suele ser muy valiosa[172]. Dichos ritos no son, ni mucho menos, insignifican-

en los aires..., a la lentejuela de oro desaparecida..., etc.», Hardeland, *Gramm.,* p. 219.

167. Grabowsky, *Tiwah,* p. 191; Tromp, *Rhein. Missionsb.* (1877), p. 47; Kruijt, *op. cit.,* p. 32; cuando el cadáver ha estado guardado en la habitación de los vivos también se traslada a la *balai;* Grabowsky, en *Ausland* (1884), p. 472.

168. Grabowsky, *Tiwah,* p. 192; Kruijt, p. 230.

169. Kruijt, p. 26.

170. Cf. para los olo lowangan, Grabowsky, en *Ausland* (1888), p. 583; para los dayaks de Koetei, Tromp. en *Bijdr. t.d. T. L.* en *Vk. v. Ned. Ind.,* 5° v., dl. III, p. 76 para los muruts, L. Roth, I, p. 153; para los indígenas de la isla Babar, Riedel, *Sluik- en kroesharige rassen,* p. 362; para Nicobar, Solomon, p. 209. Esta práctica no se menciona expresamente en relación con los olo ngadju. Simplemente se nos dice que los restos se transfieren a un nuevo féretro; cf. Grabowsky, *Tiwah,* p. 200.

171. Kruijt, pp. 26 y 33. Es una operación no solo físicamente repugnante, sino llena de peligros sobrenaturales.

172. Seguimos a Kruijt, *loc. cit.,* p. 232: las osamentas están como encorsetadas en trozos de corteza de un árbol determinado. En ciertos distritos decoran la cabeza durante el desarrollo de la fiesta con una máscara de madera (p. 231). Las osamentas, con su envoltura, son depositadas en un pequeño féretro (p. 235). Cf. para Timor, Forbes, *op. cit.,* p. 435.

tes, pues, al purificar el cuerpo[173], y revestirlo de nuevo, los vivos marcan el fin de un período y el comienzo de otro, abolen un pasado siniestro y dan al muerto un cuerpo nuevo y glorificado[174] con el que podrá entrar dignamente en compañía de sus antepasados.

Ahora bien, el difunto no puede partir sin haber recibido, en sus últimos días de existencia en la tierra, una despedida solemne, rodeado de la mayor pompa posible. Así, por ejemplo, en cuanto los olo ngadju depositan el féretro en el catafalco, su viudo o viuda se sienta a su lado diciendo: «Aún estarás un poco más entre nosotros, y luego te irás hacia el agradable lugar donde moran nuestros antepasados...». Mientras tanto, intentarán satisfacer al difunto exponiendo cerca de sus huesos los vasos sagrados y los tesoros más preciados de la familia, de los que gozó mientras vivía, y que le garantizarán una existencia opulenta en el otro mundo[175].

173. Los olo maanjan, que practican la cremación de los huesos, la consideran un acto indispensable de purificación: Tromp, *Rhein Missionsb.* (1877), p. 48.

174. Un pasaje de Hardeland parece confirmar y completar esa interpretación (*Wörterb.,* p. 308, en la palabra *liau):* para que la *liau krahang* o «alma corporal» pueda unirse al alma principal se juntan todos los restos del cadáver (rogando a los buenos espíritus que unan a ellos todos los cabellos, uñas, etc., que el muerto pueda haber perdido a lo largo de su vida); después Tempon Telon, el psicopompo mítico, hace salir la *liau krahang,* que su mujer rocía con un agua vivificante. El alma, vuelta así a la vida y a la consciencia, es conducida acto seguido a la ciudad celeste. Como en toda esta ceremonia los sucesos (imaginarios) relativos al alma son la exacta contrapartida de las prácticas llevadas a cabo sobre el cuerpo, nos parece fuera de toda duda que las sacerdotisas realicen ellas mismas el acto que atribuyen a la mujer de Tempon. Este rito tiene por objeto una verdadera resurrección corporal.

175. En virtud del dicho: «Rico aquí abajo, rico allá arriba»; cf. Braches, *op. cit.,* p. 102; Grabowsky, *Tiwah,* pp. 192-193. Se supone que el alma de cada uno de los objetos expuestos sigue al muerto; lógicamente, la familia

Los *alfourus* del centro de las Célebes bailan alrededor de los restos de los muertos durante el mes que precede a la fiesta. Después, cuando llegan los huéspedes, las sacerdotisas toman en sus brazos las osamentas envueltas y las pasean procesionalmente por la casa de la fiesta mientras van cantando, ceremonia que dura dos días. Según ellos, esa es la manera de acoger por última vez a los muertos y demostrarles, antes de despedirse definitivamente de sus restos y de sus almas, el mismo afecto que en vida les tuvieron[176].

Si el lugar de la sepultura, como suele ocurrir entre los olo ngadju, está alejado de la aldea y cerca del río, estos depositarán el féretro en un barco brillantemente decorado, mientras en otro toman sitio las sacerdotisas y los parientes del muerto. Una vez llegados al *sandong* e introducidos los huesos, las sacerdotisas ejecutan una danza alrededor del monumento y «ruegan a las almas de los que ya han sido enterrados que acojan bien a los "recién llegados"». Pero bajo la apariencia de una plegaria, esta danza y estos cantos dan por sí mismos sentido y plena eficacia al acto material que se acaba de consumar, es decir, hacen entrar al muerto en la comunión de sus padres, de la misma forma que sus huesos acaban de hacerlo en el *sandong*. Los vivos parten ahora con el sentimiento de estar en paz con el muerto. Por eso, aunque llegaron silenciosamente al son de una música

viva se exalta a sí misma en sus propios muertos ante los extranjeros presentes.
176. Kruijt, pp. 33 y 235; esta interpretación del autor parece atenuar, por otro lado, el alcance del rito. Tal como lo indican la presencia de las sacerdotisas y sus propios cantos, se trata de un acto que interesa directamente a la salud de los muertos. Las palabras del canto son muy oscuras. Quizá haya que relacionar este rito con el descrito en el siguiente parágrafo.

fúnebre, vuelven alegres cantando y bebiendo[177]. Este contraste deja bien claro el sentido de las segundas exequias, al cerrar el período sombrío donde dominaba la muerte y abrir una nueva etapa.

Después de estos ritos, los sentimientos de los vivos respecto de los huesos difieren de los que inspiraba el cadáver durante el período anterior, si bien es cierto que los huesos siguen investidos de tal carácter que se continúa evitando un contacto demasiado íntimo con ellos, por lo que suelen poner la mayor distancia posible entre la casa de los muertos y los vivos[178]. Pero a partir de ese momento el elemento de repulsión y disgusto cederá, dando paso a una confianza respetuosa en la influencia benéfica emanada del osario, que protegerá a la aldea contra la desgracia y ayudará a los vivos en sus empresas[179]. Basta con que dichas representaciones y sentimientos se desarrollen para que se instituya un verdadero culto a las reliquias que determina una gran modificación en la naturaleza de las exequias definitivas.

En efecto, cuando se trata de jefes o grandes personajes, la alta opinión que se tiene de la virtud de sus restos y el

---

177. Hardeland, *Wörterb.,* p. 609; Grabowsky, *Tiwah,* pp. 200-201; cf. sobre los muruts, L. Roth, I, p. 153.

178. Braches, p. 103: el *sandong,* con todo lo que le rodea, es *pali.*

179. Van Lier (sobre Timor-Laut), en *Int. Arch. Ethn.,* XIV, p. 216. También se esfuerzan en permanecer en contacto con los muertos. Los alfourus del centro de las Célebes guardan los pequeños trozos de corteza que han servido para adornar las osamentas y los llevan a la guerra para asegurarse la protección de los muertos (Kruijt, p. 231, n. 1). Asimismo, en la isla de Babar las mujeres encargadas de depositar los restos en una caverna de la montaña traen de allí ramas de árbol y distribuyen sus hojas a los habitantes del pueblo. Riedel, *Sluik- en kroesharige rassen,* p. 362. Algunos alfourus del este de las Célebes llegan incluso a repartir los huesos entre los miembros de la familia, que les atribuye virtudes mágicas; Bosscher y Matthissen, en Wilken, *Animisme,* p. 179.

deseo de asegurarse sus beneficios hace que ciertas tribus les concedan un sitio permanente en la propia casa de los vivos. En el archipiélago malayo es casi siempre la cabeza la que goza de este privilegio[180], por ser la parte esencial del cuerpo y la sede de los poderes del muerto. Una vez decorada, la depositan en el interior de la casa o en un pequeño nicho vecino, y en ocasiones le ofrecen comida y la ungen con un líquido especial, pasando así a formar parte del tesoro sagrado de la familia, garante de su prosperidad[181]. Según eso, no siempre los restos de los difuntos se reunirían en una sepultura común con los de sus padres, si bien es cierto que tal transformación del rito no altera gravemente su sentido, dado que la propia existencia del culto a las re-

---

180. Las otras osamentas, bien son llevadas a un osario colectivo o bien no son exhumadas del todo; cf. para Nicobar, Solomon, p. 209; Kloss, p. 82; para los bataks de Toba, Wilken, «Iets ov. d. Schedelvereering», en *Bijdr. t.d. T. I. en Vk. v. Ned. Ind.* (1889), I, p. 98; para los dayaks, Grabowsky, en *Ausland* (1888), p. 583 (sobre los olo lowangan); Bangert, en Wilken, *op cit.,* pp. 95-96 (sobre los olo maanjan); Tromp, *Bijdr. t.d. T. L. en Vk. v. Ned. Ind.,* 5.° v., dl. III, p. 76 (sobre los tundjungs); para Buru, Forbes, p. 405; para el archipiélago de Timor-Laut, Kolff, *Voyages of the Dourga,* p. 222; Forbes, p. 324 (el hijo del muerto lleva consigo las dos primeras vértebras del esqueleto a fin de apartar la desgracia de su persona). Notemos que ciertos pueblos que no conservan reliquias se limitan en las exequias definitivas a reunir las cabezas de los muertos en una sepultura colectiva; cf. Riedel, *Sluik- en kroesharige rassen,* pp. 142 y 362.

181. Cf. los textos citados en la nota anterior, y Perham, en L. Roth, I, p. 211. Se trata de un culto a los antepasados o al menos a algunos de ellos. Pero, aunque la ceremonia final sea susceptible de convertirse de esta forma en el punto de partida de un culto, no tiene necesariamente un carácter cultual. Las segundas exequias indonesias no difieren en su función de nuestros funerales, ya que no tienen como objeto adorar o propiciar a las almas divinizadas. El hecho de que se celebren mucho después de la muerte no debe confundirnos, pues una acción cultual se repite indefinidamente a intervalos, mientras que la fiesta del muerto, por el contrario, pone punto final a una serie de prácticas.

liquias supone la idea de que entre la colectividad de los vivos y la de los muertos no hay solución de continuidad, ya que al volver a ocupar un sitio en el hogar doméstico en calidad de antepasados venerados y protectores, estos muertos distinguidos vuelven a la comunión familiar, pues, demasiado ilustres y poderosos para perderse en la muchedumbre de los demás muertos, reciben una plaza de honor en la proximidad de los vivos. El culto que se les rendirá a partir de ese momento denota claramente el cambio que la ceremonia final ha operado en ellos.

Aunque quepa esperar de las segundas exequias efectos favorables para vivos y muertos, no por ello el cumplimiento del rito es menos penoso y temible, debido al contacto íntimo que exige con el foco mismo de la infección fúnebre[182]. Tanto es así que numerosas tribus, bien a consecuencia de una evolución espontánea o bien por la acción de influencias extranjeras, han llegado a ahorrarse las molestias de esta ceremonia. Algunas han tomado la solución de adelantar la celebración de la fiesta dedicada al muerto y hacerla coincidir con las exequias inmediatas, convertidas así en definitivas[183]. En otras partes la fiesta sigue celebrándose en su

182. Cf. referencia cit. nota 181 (p. 87). En Nicobar la exhumación está considerada como una operación muy peligrosa, llevando consigo precauciones y purificaciones especiales; cf. Solomon, *op. cit.,* p. 209. En el sur de la isla de Nías se imponía esta tarea a un individuo que era apresado violentamente, cortándole a continuación la cabeza, que unían a los restos del muerto (Donleben, en *Tijdschr. v. Nederl. Ind.,* 1848, p. 180). Autores recientes, en particular Modigliani *(Un viaggio a Nias,* p. 280), no han observado nada semejante, sino que al muerto le dan inmediatamente la sepultura definitiva.

183. Como, por ejemplo, los olo maanjan; cf. Grabowsky, en *Ausland* (1884), p. 471. La antigua costumbre solo se ha mantenido entre los ribereños del Sihong.

fecha, pero conservando solo ciertos rastros de la vieja costumbre del cambio de sepultura. Así es como los alfourus, convertidos al mahometanismo, no exhuman ya los cadáveres, sino que se limitan a quitar las malas hierbas de la tumba, levantando la casita que la recubría y depositando allí nuevos vestidos de corteza[184] y provisiones para el gran viaje que el alma habrá de llevar a cabo[185]. A poco que estas supervivencias se borren, se olvidará que uno de los objetos esenciales de la ceremonia final era el traslado de los huesos purificados desde el depósito temporal a una sepultura definitiva de carácter colectivo.

b) *El acceso del alma a la estancia de los muertos.*— Paralelamente a la acción que se ejerce sobre los restos materiales del difunto se celebra un servicio fúnebre que cambia la condición del alma. Se trata de poner término a su inquieta agitación introduciéndola solemnemente en la sociedad de los muertos. Es esta una ardua tarea que precisa de poderosos auxilios, pues el camino que lleva al otro mundo está

184. Cf. *supra*, p. 83, n. 172.
185. Kruijt, *op. cit.*, p. 33. El rito de la destrucción de la «casa» (temporal) del muerto en la ceremonia final se encuentra también en la isla de Soemba siguiendo a la clausura definitiva de la tumba, que hasta entonces no había sido recubierta más que por una piel de búfalo disecada; cf. Ross, en *Verhandl-v.h. Batav. Gen. v. K. en W.*, XXXVI, pp. 36-38. Entre los propios olo ngadju, a veces no se procede a la exhumación de los restos, sino que recitando fórmulas apropiadas plantan sobre la tumba una caña de bambú bien tallada. Esta es para el alma la señal de que puede entrar en la ciudad de los muertos: Grabowsky, *Tiwah*, p. 193; cf. también Riedel, *op. cit.*, p. 329 (sobre los indígenas de Luang Sermata). En el *Gawei Antu*, gran fiesta funeraria de los dayaks marítimos, no hay, por regla general, segundas exequias. Lo único que hacen es un monumento de jabí (piedra-hacha), elevado en ciertos casos sobre la tumba, llevando allí la comida; Ling Roth, t. I, pp. 204-203, 208-209 y 238.

sembrado de peligros de toda naturaleza[186], y el alma no llegará al término de su viaje si no es conducida y protegida por un poderoso «psicopompo», como el Tempon Telon de los olo ngadju[187]. A fin de asegurar al alma esta asistencia indispensable, sacerdotes y sacerdotisas, convocados por la familia del muerto, recitarán largos sortilegios acompañándose de un tambor[188].

Antes de ir más allá de las nubes es necesario invitar a los espíritus celestes a descender a la tierra donde las almas los esperan[189]. Dóciles a la plegaria de los parientes, bajan y car-

186. Cf. sobre los olo ngadju, Grabowsky, *Tiwah,* pp. 183 y ss. (la principal prueba es el paso de un torbellino de fuego); sobre los bahaus del centro de Borneo, Nieuwenhuis, *op. cit.,* p. 104.

187. Este es el más renombrado de los *sangiang,* o buenos espíritus de los aires. Se le designa, según su principal esclavo, con la apelación de «señor de Telon»; pero su verdadero nombre es Rawing, el cocodrilo; cf. Hardeland, *Gramm.,* p. 332, n. 43. A este respecto, es interesante observar que las tallas que adornan el *sandong* son, en general, serpientes y cocodrilos (Perelaer, *op. cit.,* p. 246). Por otra parte, en un pasaje del canto de las sacerdotisas, el propio Tempon Telón declara ser un tigre *(ibid.,* p. 281). Por eso los dayaks del Mahakam dan a sus muertos distinguidos un tigre de madera con cabeza de cocodrilo que, sin duda, está encargado de asistir al alma en su viaje (Tromp, en *Bidr. t.d. T.L. en Wlk,* 5.° v., III, p. 63). Con frecuencia, el tigre asociado al cocodrilo o a la serpiente se encuentra representado junto al *sandong* (Hardeland, *ibid.,* p. 237; Grabowsky, *Tiwah,* p. IX, fig. 9). El pájaro rabihorcado desempeña un papel análogo. Resulta notable que estos términos de «tigre», «cocodrilo» o «rabihorcado» sirvan constantemente en la jerga de las sacerdotisas para designar a hombres y mujeres, así como a los muertos ya establecidos en el otro mundo. Sabemos que la creencia en un parentesco especial entre el hombre y el cocodrilo o el tigre, y en una transmigración del alma después de la muerte al cuerpo de estos animales, se encuentra frecuentemente en el archipiélago malayo: cf. Epp, *Schilderungen aus Holländisch-Ostindien,* pp. 159-160; Wilken, *Animisme,* pp. 68 y ss., y para el rabihorcado, Pleyte, en *Revue de Ethnographie,* IV, pp. 313 y ss.; V, pp. 464 y ss.

188. Hardeland, *ibidem,* p. 209; Grabowsky, *ibid.,* pp. 197-198.

189. Hardeland, *ibid.,* pp. 236 y ss.

gan su barco no solo con las almas de los muertos, sino con
las de los animales inmolados para la fiesta y con todos los
tesoros allí expuestos. Al son de tambores y fogonazos, el
navío, conducido por Tempon Telon, comienza su rápida
carrera[190]. A medida que el desenlace del drama se aproxi-
ma, la emoción se vuelve más intensa; los asistentes escu-
chan silenciosos, mientras el principal oficiante situado en
la proa, espumeante y sudoroso, con los rasgos crispados
en un verdadero frenesí, identificado al parecer con Tempon Telon (cuyos atributos porta), examina los peligros que
amenazan a su navío y el torbellino de fuego que habrá de
franquear. Por fin, resuena el grito de triunfo que alivia a la
concurrencia[191]: ¡están salvados!, ¡han llegado a la ciudad de
los muertos!... Las almas desembarcan y se ponen a danzar
alrededor de su nueva morada felicitándose: «¡Ha llegado
el día de nuestra victoria!, henos aquí conducidas por Tempon Telon lejos de la orilla terrestre donde se reúnen las
lanzas de los hombres mientras nosotros vemos la ciudad
rica donde el oro destella...». Luego, después de haber tomado la copiosa comida que la fiesta les ofrece, hacen venir
a sus esclavos[192], que les adornan, aceitan sus cabellos y en-
negrecen sus dientes, mientras su corazón se alegra. En tal
momento, los antepasados, que residen desde hace tiempo

---

190. *Ibidem,* p. 252. Para lo siguiente, nos referimos a Ullmann, en Grabowsky, *loc. cit.,* pues aunque la descripción del viaje en el texto de Hardeland
es sumaria, sorprendentemente no hace mención alguna de pruebas por
las que haya que pasar.
191. Este testimonia así su alegría con gritos y un alboroto infernal; Grabowsky, *ibid.,* p. 198.
192. Aquellos que el difunto «se había llevado por delante» en vida, cor-
tándoles la cabeza, o las víctimas inmoladas en la fiesta: Braches, *op. cit.,*
pp. 102-103.

en el país de los muertos, se unen a ellos dando la bienvenida a los recién llegados[193]. Sin embargo, estos no estarán completamente establecidos hasta que un nuevo viaje (y un canto especial)[194] tenga lugar, con el fin de que las almas de los huesos, cabellos y uñas, despertados de su largo sopor, lleguen también a la vida celeste y se reúnan con sus dueños. Entonces la obra quedará concluida: la sombra volverá a su cuerpo y el alma exiliada y errante tendrá ahora un puesto definitivo entre sus semejantes[195]. A la existencia precaria que llevaba después de la muerte le sucederá una vida opulenta[196] que parece perpetuar indefinidamente los esplendores y la enorme abundancia de la fiesta funeraria. Después de esta última prueba, el alma quedará liberada y estará salvada[197].

Si hemos de creer al misionero Braches, esta descripción del viaje del alma y de la aldea celeste no sería más que una fábula inventada por los sacerdotes psicopompos. Pero lo cierto es que en el fondo, tanto para estos como para los dayaks, el alma va unida a los restos corporales y reside en el interior o en las cercanías del *sandong*[198]. De hecho, existe

193. Hardeland, *op. cit.,* pp. 269-273. Notemos la simetría entre estas imágenes y las prácticas observadas durante las exequias: la ronda de las almas alrededor de la casa celeste corresponde a la danza de las sacerdotisas alrededor del *sandong* (cf. p. 85), y la aparición de los recién llegados, a la limpieza de los restos mortales.
194. Además, calcado sobre el precedente, Hardeland, p. 283.
195. Todos viven juntos y las familias se recomponen: Grabowsky, *ibid.,* p. 186; cf. Kruijt, *op. cit.,* pp. 28-29. Sin embargo, algunas categorías de muertos habitan aparte. Volveremos sobre este punto.
196. Grabowsky, p. 187; Kruijt, *loc. cit.*
197. Cf. Grabowsky, p. 188; pero se equivoca al aplicar al alma la palabra que sirve para designar la fiesta: *Tiwah.* Como veremos, debe referirse a los supervivientes.
198. Braches, pp. 102-103. Concluye: «El *Tiwah* no tiene, pues, otro objeto que el de transportar las osamentas del muerto del féretro provisio-

un vínculo estrecho entre el receptáculo de las osamentas y la «ciudad de los muertos»: es el alma o sustancia espiritual de la casa-osario, con los brillantes accesorios que la rodean, la que, tras sufrir una transfiguración, se convertirá en el cielo en morada y tesoro de los muertos[199]. Los cantos mágicos no hacen más que traducir al lenguaje del mito las prácticas que se realizan con las osamentas, pero dicha transcripción no es una ficción mentirosa. Lo cierto es que «el único consuelo del dayak es el pensamiento de reunirse un día con sus padres»[200], pero dicha reunión, que en lo referente al muerto es el objeto esencial de la ceremonia final, se efectúa al mismo tiempo por dos vías diferentes: por la colocación de los restos en una sepultura común y por el acceso del alma a la estancia colectiva de los muertos. Ambos sucesos son solidarios e igualmente esenciales, y en ellos el rito proporciona a la representación un soporte material, mientras la imaginación prolonga y termina lo que aquel insinúa.

El alma no entra en la ciudad celeste para gozar de un reposo eterno, pues la inmortalidad no es un atributo de los habitantes del otro mundo, como tampoco lo es de los de este. A lo largo de siete generaciones el alma permanece en el cielo, pero al final de cada existencia debe morir para re-

---

nal al *sandong,* y conducir al alma desde la "colina donde estaba escondido el féretro" al lugar del *sandong».*

199. Grabowsky, *Tiwah,* p. 190. Un dayak declaraba al día siguiente de haber escuchado el sermón de un misionero: «Nuestro cielo es el *sandong*»; Grabowsky, *ibid.,* p. 198. No hay que ver una negación de la celeste «ciudad de las almas» en esta frase, destinada simplemente a oponer, a las predicaciones cristianas, el sistema de creencias, cuya expresión visible es el *sandong.* Cf. sobre los alfourus, Kruijt, *op. cit.,* p. 235.

200. Braches, p. 105.

nacer a continuación[201]. Tras su séptima muerte, el alma baja de nuevo a la tierra y se introduce en un hongo o en un fruto, preferentemente en las proximidades de la aldea. Si una mujer come dicho fruto u hongo, el alma entrará en su cuerpo para renacer enseguida en forma humana. Pero si el fruto es comido por ciertos animales, como un búfalo, un ciervo o un mono, el alma se reencarnará en un cuerpo animal, que, a su vez, será consumido por un hombre, volviendo con los humanos después de dar este rodeo[202]. Si, por el contrario, el fruto o el animal mueren sin ser comidos por ningún hombre, el alma se esfuma definitivamente[203]. Exceptuan-

201. En algunas tribus dayaks de Sarawak el número de muertes sucesivas es solamente de tres; Ling Roth, I, p. 213; Chalmers (en Roth, I, p. 167) menciona cuatro, pero la primera corresponde al fin del período transitorio y a la entrada en el país de las almas. En cada existencia, el alma lleva un nombre distinto. La misma creencia en tres muertes sucesivas se encuentra en los alfourus del centro de las Célebes (Kruijt, *op. cit.*, p. 29): el alma pasa en cada caso a una nueva estancia. Los nombres que reciben esos diferentes lugares son manifiestamente de origen hindú o musulmán, pero el fondo de la creencia es original. Los indígenas de Nías creen en nueve muertes sucesivas y que las vidas del otro mundo duran justo el mismo número de años que la anterior existencia terrestre (Wilken, *Animisme*, p. 65).

202. Según Perelaer, *op. cit.*, pp. 17-18, los dayaks comen gustosos la carne de estos animales debido a que su alimentación, exclusivamente vegetal, hace que tengan grandes posibilidades de alojar en ellos un alma humana. Por el contrario, Hendrichs (en *Mitt. d. Geogr. Ges. z. Iana*, 1888, pp. 106-107), nos dice que numerosos dayaks no consumen carne de ciervo o de jabalí, ni ciertas hojas de palmera, porque el alma de sus abuelos podría estar allí encerrada. Ambos testimonios, aunque contradictorios, concuerdan sobre el punto esencial. Hablando de los búfalos, Braches (p. 103) nos dice que, para los olo ngadju, estos tienen el mismo bisabuelo que los hombres. También los sacrifican en el *Tiwah* en lugar de las víctimas humanas prohibidas. Cf. Nieuwenhuis, I, pp. 103 y 106.

203. Exponemos la creencia bajo la forma que presenta entre los olo ngadju (cf. Braches, p. 102; Grabowsky, *Tiwah*, p. 187) y entre los olo maanjan (Grabowsky, en *Ausland*, 1884, p. 471). Aunque se encuentra, al

do este caso, excepcional al parecer entre los olo ngadju, veremos que el alma está destinada a recorrer sin fin el ciclo de muertes y renacimientos y que su estancia en el cielo con los antepasados no es más que una transición entre dos encarnaciones terrestres, humanas o animales. La muerte no es, pues, para estos pueblos un acontecimiento singular que solo se produce una vez en la historia del individuo, sino un episodio que se repite indefinidamente y se limita a señalar el paso de una forma de existencia a otra.

Poniendo término a las penas del alma, la ceremonia final suprime la razón de ser de la mala disposición que aquella alimentaba contra los vivos, después de la muerte, pero no cabe duda de que incluso después de la gran fiesta funeraria los muertos pertenecen a otro mundo y que un contacto demasiado familiar con ellos sería peligroso para los vivos[204]. Sin embargo, por lo general las almas dejan en paz a sus parientes una vez que estos han cumplido sus últimos deberes para con ellas[205]. Esta fórmula negativa es, en muchos casos, insuficiente, pues entre la comunidad de los vi-

menos fragmentariamente, entre otros pueblos del archipiélago. Cf. para los balineses, Wilken, *Animisme,* pp. 61-62. El alma después de su existencia celeste vuelve a bajar a la tierra en forma de rocío y se reencarna en un niño de la misma familia, lo que explica las semejanzas atávicas; para la isla de Nías, Wilken, *ibid.,* p. *65;* para los dayaks del noroeste, L. Roth, I, pp. 167, 213, 217-219. En varias tribus la creencia en una reencarnación ha desaparecido, mas el alma vuelve a tierra en forma de rocío o desaparece en alguna planta o insecto anónimo de la selva, quedando su existencia real y personal abolida. Se trata sin duda de un empobrecimiento de la creencia primitiva, de la cual pueden darnos una idea los olo ngadju.
204. Cf. Perham, en Roth, I, p. 208: la presencia de los muertos es deseada, pero solamente en el momento y en la forma convenientes.
205. Véase *supra,* p. 40. Cf. Saint-John, en L. Roth, II, p. 142: «Entonces (después de la fiesta) los Dayaks olvidan a sus muertos, y los espíritus les olvidan a ellos».

vos y la de los muertos hay relaciones singulares e intercambio de buenos oficios[206]. En algunas sociedades indonesias se rinde un verdadero culto a las almas apaciguadas que vienen a ocupar un lugar en el hogar doméstico, en forma de un objeto consagrado o de una estatuilla del muerto que ellas animan. Su presencia, debidamente honrada, garantiza la prosperidad de los vivos[207]. Por eso el acto que reúne el alma del muerto con las de sus antepasados le confiere a veces el

206. Los vivos ofrecen a los muertos sacrificios y los muertos con su poder aseguran el éxito de las empresas terrestres, en particular de la cosecha; cf. Kruijt, *op. cit.*, pp. 31 y 36.
207. En la isla de Roti, el mismo día que el alma parte hacia el país de los muertos recortan, siguiendo un modelo determinado, una hoja de palmera y la rocían con la sangre de un animal sacrificado; ese objeto (llamado *maik)*, que llevará en adelante el nombre del muerto, se une después a otros idénticos, que representan a los muertos más antiguos, y queda suspendido bajo el techo. Dicha ceremonia equivale, según dicen, a una canonización del difunto. Cuando el *maik* desaparece debido al uso y los gusanos, no se reemplaza por otro. Se distinguen dos clases de espíritus (*nitus):* los de dentro, que aún tienen su *maik,* a quienes se les ofrecen sacrificios en el interior de la casa, y los de fuera, cuyo nombre no vive ya más que en la memoria de los vivos y que reciben sacrificios fuera. De esta forma el culto doméstico solo se dirige a los parientes más próximos, y al cabo de cierto tiempo, las almas van a perderse en la colectividad de los antepasados comunes a toda la aldea: cf. Heijmering, *Tijds. v. Ned. Ind.* (1844), VI, pp. 365-366, 391; S. Müller, *op. cit.,* p. 289; Wilken, *Anim.,* p. 195; cf. para las Filipinas, Blumentritt, *Ahnencultus,* p. 150. En el norte de la isla de Nías existe, al lado del alma-sombra que se va al otro mundo poco después de la muerte, un alma-corazón que, al cabo de veinte o treinta días, se transforma en una araña más o menos auténtica; esta permanece cerca del cadáver hasta que sus parientes van a buscarla a la tumba, llevándola con gran pompa a la casa familiar donde reside en una pequeña estatuilla, unida a las imágenes de los ancestros y colocada cerca del hogar: Chatelin, en *Tijds. v. Ind. T.L. en Vk.* (1881), XXVI, pp. 147-155; Modigliani, *op cit.,* pp. 290-293 y ss., y 646-647. Parece que la ceremonia de extracción de las almas, celebrada para varios muertos a la vez, es idéntica a la fiesta funeraria final (tras del abandono del rito de las segundas exequias).

carácter de una divinidad tutelar y la hace entrar solemnemente en el corazón de la casa familiar[208].

c) *La liberación de los vivos.—* Los ritos examinados hasta ahora tenían como objeto inmediato el bien del muerto, aunque pudieran beneficiar a los vivos. Pero en el transcurso
de la fiesta funeraria se observan una serie de prácticas no
menos importantes que tienen como objetivo poner fin al
duelo de los parientes del muerto y reinsertarlos en la comunidad social[209].

El primer día del *Tiwah,* después de un banquete donde
solo toman parte las mujeres, una de ellas prepara siete pa-
quetitos de arroz para las almas de los muertos y otros siete
para los malos espíritus, al tiempo que pronuncia una fórmula que revela claramente el significado de ese acto: «Al
depositar aquí vuestro alimento, rompo toda resistencia, todo
lo que es impuro; los malos espíritus y los malos sueños, y
pongo término a todos los llantos»[210]. Esta ofrenda indica

208. Estos hechos están estrechamente unidos a los que se han expuesto
más arriba, pp. 86-88, quizá incluso no haya que ver en el *maik* o la estatuilla más que sustitutos de la fiesta del muerto. Algunas islas del archipiélago Timor-Laut nos presentan una forma de transición: se guarda en
la casa la cabeza del muerto y se hace una estatuilla que le representa. Sin
embargo, el alma no reside permanentemente ni en el cráneo ni en la estatuilla; por eso cuando la invocan la dejan elegir entre esas dos residen-
cias; el que una mosca se pose sobre la una o la otra revela la elección del
alma; cf. Wilken, *Animisme,* pp. 178-179.
209. Este elemento de la ceremonia final le da su nombre entre los olo
ngadju, pues la palabra *Tiwah* significa «ser libre», relevado de la prohibición. Es exactamente lo contrario de *pali* (que, al igual que *noa* en maorí,
se opone a tabú); Hardeland, *Wörterbuch,* p. 608.
210. Grabowsky, *Tiwah,* p. 196. Perham (en Roth, I, p. 209) menciona entre los dayaks de Sarawak un rito análogo que constituye, según dice, un
elemento importante de la fiesta: cierta cantidad de *tuak* (bebida ener-

que ha llegado para los vivos el momento de separarse de los muertos y disipar la atmósfera inquietante que los envolvía durante el duelo. Es el primer esbozo de un tema que se repetirá muchas veces en el curso de la fiesta.

Precisamente el canto que entonan las sacerdotisas para conducir a las almas hasta la ciudad celeste tiene como principales protagonistas a los vivos y, sobre todo, a los parientes del muerto. Mientras duran los encantamientos, las sacerdotisas llevan en los pliegues de sus vestidos, como si fueran niños pequeños[211], las almas de los donantes de la fiesta, y cada vez que suben al cielo para recabar ayuda de los buenos espíritus, llevan consigo a sus protegidos. Ahora bien, como las almas de los vivos sienten una gran fascinación por las regiones de lo alto, habrá que tener la precaución de llamarlas por sus nombres para evitar que se queden en el otro mundo, donde llegaron siguiendo a los muertos[212]. Estos viajes espirituales no se realizan en vano, pues las sacerdotisas nunca se olvidan de llamar la atención de los espíritus hacia las personas que dan la fiesta. «Puestas en pie le gritan al más poderoso de ellos: "comprime el cuerpo[213] que tienes ante ti para expulsar de él la desgracia, aleja de él esa pestilencia que petrifica como el rayo, disipa la nube impura del muerto, aparta este sino que nos humilla y hace retroceder

vante) se pone aparte en un bambú y se consagra a las almas, siendo bebida solemnemente por un anciano.
211. También los parientes del muerto son designados muchas veces con este apelativo en el canto de las sacerdotisas; Hardeland, *Gramm.*, p. 216.
212. *Ibidem*, pp. 225 y ss., y p. 276.
213. Es una operación bien conocida en magia curativa, consistente en retirar del cuerpo del paciente la cosa mala que tenía alojada: los espíritus (y quizá las sacerdotisas) hacen salir de él «la piedra que limita (v. e., cercena) la vida».

a la vida"»[214]... No es suficiente con «matar a la adversidad»[215] que oprimía a los supervivientes, también hace falta que Tempon Telon, asperjando su cuerpo con un agua vivificante, les regenere[216], asegure una larga vida y transmita «los encantamientos poderosos que dan la riqueza, el éxito en el comercio y el brillo de la gloria»[217]. Naturalmente, las sacerdotisas llevan a cabo simultáneamente los actos que su canto presta o impone a los espíritus celestes[218], provocando con esos ritos, orales o manuales, un cambio profundo en la persona de los vivos[219] que, liberados del mal que les poseía, entrarán así en la vida regular con una provisión fresca de potencia vital y social[220].

214. Hardeland, p. 246; tomamos a título de ejemplo esas fórmulas de una serie mucho más larga que se repite varias veces (con algunas variantes) en el transcurso de esos cantos; cf. pp. 216 y ss., y pp. 231, 244 y 323.
215. *Ibid.*, p. 245: la desgracia se vuelve inerte, sin fuerza, como los peces cuando se envenena el río.
216. Cf. *supra*, p. 83. La misma acción que, aplicada a los restos del muerto, le hace renacer a otra vida renueva la persona de los supervivientes.
217. *Ibid.*, pp. 276 y ss., y p. 290. En el fondo de todos esos textos se encuentra la distinción entre dos especies contrarias de potencia mágica: la una *(sial, palahan),* que comprende todo lo que aminora el poder vital o social del individuo; la otra, que constituye o refuerza ese mismo poder. El esfuerzo de las sacerdotisas se encamina a paralizar la potencia adversa que se había apoderado de los parientes del muerto durante el duelo y a poner a su disposición una fuerte reserva de energía (mística), benefactora.
218. Cf. *ibid.*, p. 231, y p. 334, n. 77.
219. El cambio es incluso físico, pues durante el duelo los huesos estaban desunidos (como ocurre, según los dayaks, cada vez que el organismo está agotado o débil), pero en el *Tiwah* los huesos se unen de nuevo.
220. La casa y el mobiliario deben igualmente ser purificados. A tal fin se frotan y sacuden para hacer salir las «cosas malas» (concebidas como personas vivas). Estas van a posarse sobre las sacerdotisas, que las llevan fuera y las arrojan sobre barcos de camino hacia «su morada situada en medio del mar»; cf. Hardeland, *ibid.*, pp. 328 y ss., y 368; Grabowsky, *Tiwah,* p. 202.

Pero para que los vivos se curen de su impureza es indispensable un sacrificio, a ser posible el que a ojos de los dayaks y de la mayor parte de los indonesios está dotado de una eficacia irresistible: la inmolación de una víctima humana cuya cabeza cortan y conservan[221]. Pasado el *Tiwah,* dedican un día entero a este rito fundamental. Los prisioneros o esclavos previamente despojados de sus almas mediante una acción mágica, son encadenados al poste del sacrificio, mientras los parientes varones del muerto, danzando y brincando alrededor de la víctima y golpeándola con su lanza al azar, ejercen la función colectiva de sacrificadores. Los gritos de dolor son clamorosamente recibidos, pues cuanto más cruel es la tortura más felices son las almas en el cielo. Por fin, en el momento en que la víctima cae a tierra es solemnemente decapitada en medio de una intensa alegría, siendo su sangre recogida por una sacerdotisa que rocía a los supervivientes «a fin de reconciliarles con su pariente muerto». La cabeza será depositada con la osamenta del difunto o fijada en lo alto de una estaca clavada cerca del *sandong*[222]. Con toda seguridad, el sacrificio funerario no solo está des-

221. Cf. Wilken, *Animisme,* pp. 124 y ss.; en *Revue coloniale,* III, p. 258; en *Bijrd. t. d. T. L. en Vk. v. Ned. Ind.* (1889), I, pp. 98 y ss.; cf. Saint-John, en Roth, II, p. 143.
222. Grabowsky, *Tiwah,* pp. 194, 198 y ss.; cf. sobre los dayaks marítimos, L. Roth, I, p. 258. La aspersión de los parientes con la sangre de la víctima tiene como objeto «señalar que el *ulit* o tabú queda levantado». Tal es la forma compleja y original del rito. Pero cuando no hay disponible un esclavo o un prisionero vivo se procura mediante el asesinato una cabeza, alrededor de la cual los hombres ejecutan el simulacro del sacrificio (cf. Tromp, *Bijdr. t. d. T. L. en Vk,* 5.° v., III, p. 81). Cuando los autores mencionan únicamente «la adquisición de una cabeza humana» significa que el relato ha sido cortado o que el rito ha sufrido una simplificación. La «caza de cabezas» es el sustitutivo de un verdadero sacrificio.

tinado a liberar del tabú a la familia del muerto, sino que sus funciones son tan complejas como el objeto de la fiesta, donde constituye el acto decisivo. Por su parte, la furia mística de los sacrificantes, al tiempo que desacraliza a los vivos, da al muerto la paz y la beatitud, regenerando su cuerpo[223]. De todos los cambios de estado que produce la virtud del sacrificio, la liberación de los que llevan luto es solo el más aparente por interesar más directamente a los vivos[224].

Toda ceremonia religiosa ha de ir seguida de ciertos ritos que liberan a los participantes del carácter peligroso que han contraído y los hacen aptos para entrar de nuevo en el mundo profano. Estos ritos cobran tras la fiesta funeraria una importancia especial, hasta el punto de constituir a veces una segunda fiesta distinta de la primera y posterior a ella. En efecto, el peligro que se corre en una ceremonia como el *Tiwah* es especialmente intenso. No cabe duda de que esta

223. No podemos aportar una prueba positiva de esta última aserción; cf., sin embargo, Rosenberg, *D. Mal. Archip.*, pp. 157 y ss: en el sur de Nías se hace de forma que la víctima exhale su último suspiro sobre el cadáver (la fiesta se celebra poco tiempo después de la muerte). Solo podemos conjeturar, por analogía, que la sangre de la víctima se debe emplear en vivificar los restos; cf. *supra*, p. 84, n. 174, la ceremonia final.

224. Resultará extraño, quizá, que no mencionemos aquí la creencia que aparece en primer plano en muchos documentos y que Wilken, entre otros autores, considera como generadora del sacrificio humano: las almas de las víctimas servirán de esclavas o harán compañía al muerto en la ciudad celeste. El motivo es que esta representación, por muy expandida que se encuentre, nos parece secundaria y no expresa la naturaleza del rito. La interpretación de Wilken le obliga a considerar el sacrificio funerario como una especie aparte, radicalmente distinta de los sacrificios humanos practicados en otras ocasiones (nacimiento de un hijo, matrimonio, inauguración de una nueva casa, etc.), aunque en el fondo se trata, en todos los casos, de la misma operación: cambiar el estado de las personas (o de las cosas) para posibilitar que entren en una nueva fase de su vida. Cf. Hubert y Mauss, *Le sacrifice*, en *L'Année sociologique*, t. II.

es beneficiosa en sus consecuencias y constituye una especie de victoria sobre la desgracia, pero, por otra parte, también toca el reino de la muerte obligando a los vivos a relaciones íntimas con las malas potencias y los habitantes del otro mundo. Así pues, también los parientes del muerto, y con ellos todos los que han trabajado en la obra fúnebre, están obligados a purificarse tomando un baño en el río. Para aumentar su eficacia mezclan a veces el agua con la sangre de animales sacrificados, y mientras ganan la orilla a nado, las sacerdotisas, que los siguen en barco, apartan de sus cuerpos las influencias malignas con ayuda de antorchas encendidas o de escobas consagradas[225]. Por último, si los ritos han sido meticulosamente observados, los vivos quedarán limpios de toda suciedad liberados del contagio mortuorio.

Apenas cumplidas estas últimas prácticas, los que estaban excluidos por el luto se reintegran solemnemente en la sociedad. Les cambian las vestimentas que llevaban por otras nuevas conformes al uso y asean su cuerpo. Los hombres se ciñen su hermoso puñal y las mujeres vuelven a lucir sus adornos. Un gran banquete, al que también contribuyen los huéspedes, seguido de alegres danzas señala el fin del destierro que pesaba sobre los parientes próximos del muerto, que desde ese momento serán libres para mezclarse con

---

225. Grabowsky, *Tiwah,* pp. 203 y ss., en *Ausland* (1884), pp. 474 y 448-449; *ibid.* (1888), pp. 583-584. Entre los olo ngadju, la familia del muerto sube a un barco que es volcado por las sacerdotisas en medio del río tres veces consecutivas. Entre los olo maanjan, los participantes en la fiesta se bañan en la sangre de animales que se sacrifican sobre su cabeza en la propia *balai.* En el curso de esta ceremonia elevan a la entrada de la aldea una gran estatua de madera destinada a prolongar, hasta la próxima fiesta del mismo tipo, el buen efecto de la que acaba de tener lugar, y a mantener a distancia a los malos espíritus.

los otros hombres y volver al ritmo ordinario de la vida[226]. Advirtamos el paralelismo existente entre los ritos que introducen al muerto, una vez lavado y vestido, en la compañía de sus antepasados y aquellos que permiten a los familiares reintegrarse en la comunión de los vivos. Podría decirse que se trata de un solo y mismo acto liberador aplicado a dos categorías diferentes de personas.

Las sociedades de las que trata este estudio pertenecen a un tipo de civilización relativamente avanzado, pues, salvo raras excepciones, apenas se encuentran rastros de totemismo. Ahora bien, un sistema religioso que afecta tan profundamente a la organización y a la vida de las sociedades donde domina forzosamente ha de imprimir su marca en las creencias relativas a la muerte y al más allá y, en consecuencia, en el ritual funerario. Resultaría, pues, especialmente interesante para nosotros definir la naturaleza de las exequias definitivas en una sociedad donde aún exista el totemismo en estado de institución vigente. Las observaciones hechas por Spencer y Gillen sobre las tribus del centro australiano nos aportan los elementos de información necesarios.

Recordemos, brevemente, la creencia en la que descansa la organización totémica de esas tribus. Todos los grupos totémicos actualmente existentes toman su origen de uno o varios antepasados[227] semihumanos o semianimales que sa-

226. Grabowsky, *Tiwah,* pp. 202-203; Perham, en L. Roth, I, p. 209; *ibid.,* p. 258; Tromp, *op cit.,* p. 81.
227. Entre los aruntas, los antepasados totémicos formaban ya un grupo más o menos numeroso, mientras que entre los warramungas es un único antepasado quien, por regla general, se supone que ha dado nacimiento a todas las almas de las que dispone el grupo en ese momento. La diferencia no es absoluta, pues incluso entre los aruntas los antepasados han dejado tras ellos otras almas distintas a la suya, unidas a los

lieron de la tierra en tiempos remotos. Dichos antepasados recorrieron todo el territorio tribal, parándose en algunos lugares para establecer sus campamentos y realizar ceremonias sagradas, hundiéndose de nuevo bajo la tierra. Pero no desaparecieron del todo, pues en los sitios donde habían vivido y donde algunos de ellos habían muerto[228] dejaron sus propias almas y algunas otras que llevaban consigo, formando así, a su paso, una multitud de colonias de espíritus ligadas a algún objeto natural determinado, como un árbol o una roca. Estas almas, en sus sucesivos renacimientos, constituyen el grupo totémico humano, así como la especie epónima[229], pues cada miembro viviente de la tribu no es sino la reencarnación temporal de un antepasado concreto de quien puede recibir el nombre[230] o de una de las almas emanadas de él[231].

objetos sagrados (*churinga*) que llevaban consigo: *Northern Tribes,* pp. 130 y ss., y 161 y ss.

228. Esto está expresamente indicado a propósito de los aruntas. *Native Tribes,* pp. 123 y ss.; *Northern Tribes,* p. 150, y cap. XIII, *passim*; pero en otras tribus la muerte de uno o varios antepasados no es condición necesaria para la formación de un centro totémico. Las almas individuales, al igual que los animales y las plantas, salieron del cuerpo del antepasado mientras se realizaban las ceremonias: *Northern Tribes,* pp. 157, 162 y 301. La muerte de los antepasados tiene también el mismo efecto; *ibid.,* pp. 204, 247 y 250; señalemos que entre los warramungas las colonias de almas que nutren al grupo que tiene por tótem a la serpiente mítica Wollunqua parecen haberse formado en los lugares donde el antepasado único intentó penetrar en la tierra, antes de lograr llegar hasta ellos; *ibid.,* pp. 241-242.

229. *Northern Tribes,* pp. 330-331, 157, n. 1, y p. 313.

230. Esto es lo que ocurre frecuentemente entre los aruntas, *ibidem,* p. 581. Este nombre es sagrado y solo conocido por los miembros de más edad del grupo totémico.

231. Cada individuo sabe exactamente de qué lugar ha emanado el alma encarnada en él, y queda unido por una estrecha relación a ese lugar sa-

2. La ceremonia final

Entre los binbingas, casi un año después de la muerte[232] un mensajero, enviado por el padre del difunto, convoca a los demás grupos de la tribu llevando consigo un hueso del brazo del muerto pintado de rojo, envuelto ritualmente. Este objeto sagrado lo hace inviolable, y aquellos a quienes se presenta no pueden evitar seguirle. Llegados los extranjeros y establecida, a través de los ritos adecuados, la comunión entre ellos y sus huéspedes, comienza la verdadera ceremonia que se desarrolla a lo largo de la tarde y la noche con cantos sagrados alusivos al antepasado totémico del muerto. Al día siguiente, los individuos que pertenecen a su grupo se decoran con el símbolo de su tótem y ejecutan los movimientos rítmicos acompañados de cantos que constituyen la mayor parte de las ceremonias totémicas. Finalmente, el padre deposita, en un tronco hueco decorado por fuera con representaciones del tótem del difunto, los huesos que había llevado la víspera al terreno consagrado. Este féretro se cuelga de las ramas de un árbol suspendido sobre un estanque y ya no se volverá a tocar. El lugar será sagrado durante cierto tiempo, por lo que las mujeres no podrán acercarse a él[233].

La ceremonia final de los warramungas[234] se distingue de la anterior en algunos rasgos notables. Para empezar, los ritos esenciales de las exequias definitivas no se celebran so-

---

grado para él. Su nombre secreto a veces deriva de ahí (entre los warramungas). Esa «patria» de su alma constituye su identidad y determina su posición y su función en la comunidad religiosa. *Native Tribes,* p. 132; *Northern Tribes,* pp. 448 y ss., pp. 583-584, 254 y 264.

232. Véase *supra,* pp. 58-59.

233. *Northern Tribes,* pp. 550-554 y 173-174.

234. La descripción de nuestros autores se refiere a ciertos grupos de la sección meridional de esa tribu; cf. *ibid.,* p. 168.

bre el conjunto de los huesos[235], sino sobre uno de los huesos del brazo previamente apartado y cuidadosamente envuelto. Se trata del fenómeno, frecuentemente constatado, de sustitución de la parte por el todo. La elección del radio se explicaría aquí por la estrecha conexión que se supone existe entre el individuo y su alma[236]. Por otra parte, el último rito funerario tiene siempre lugar inmediatamente después de una serie de ceremonias relativas al ancestro del grupo totémico al que pertenecía el difunto, o al menos de un grupo de la misma fratría[237]. Spencer y Gillen narran la sepultura definitiva de una mujer que tenía por tótem la gran serpiente mítica Wollunqua: al cabo de diecisiete días, el radio de la muerta fue llevado solemnemente al campo y confiado a

235. Estos, después de haber sido retirados de la sepultura temporal, son depositados sin ceremonia en un hormiguero, sin que ningún signo exterior denote su presencia; cf. pp. 532-533. Quizá haya que vincular esta práctica al hecho de que los hormigueros son considerados a veces como residencia de las almas dejadas por los antepasados; el hecho es confirmado por el grupo totémico al que pertenecía el individuo cuyas exequias vieron los autores; cf. p. 241.

236. Asimismo, entre los binbingas el radio se coloca aparte y, después de la ceremonia final, sirve aún en la expedición que tiene por objeto vengar al muerto. Solo más tarde será enterrado al lado del féretro que contiene los otros huesos, pp. 554 y 463. No solo entre los australianos el radio es objeto de representaciones especiales. Así entre los papúes de Roon (noroeste de Nueva Guinea), mientras las otras osamentas se reúnen en una caverna, los radios de los diferentes muertos se depositan en una pequeña casa. Notemos que en el curso de esta ceremonia los hombres ejecutan una danza que imita los movimientos de una serpiente; se trata, dicen, de representar la muerte de una serpiente inmensa que, según la leyenda, asolaba antiguamente la comarca; cf. v. Balen, en *Tijdschr. v. Ind. T. L. en Vk Kunde,* XXXI (1886), pp. 567 y ss., y 571-572.

237. *Northern Tribes,* p. 168. Sabemos que entre los warramungas los grupos totémicos están repartidos entre dos fratrías que constituyen la tribu. Según parece, se da una solidaridad bastante estrecha entre los diversos grupos que componen una misma fratría; cf. pp. 248 y 163.

la custodia de las mujeres encargadas de velarlo y llorar sobre él; terminado el largo drama sagrado que reproducía y
repetía las acciones esenciales del antepasado desde su salida de la tierra hasta su desaparición final[238], las mujeres lle-
varon al lugar de la ceremonia el radio aún envuelto. Brus-
camente fue arrancado[239] de un hachazo por un hombre que
lo hizo pedazos[240] y depositó los fragmentos en una pequeña
fosa que él mismo había cavado, según un dibujo trazado
sobre el suelo que evocaba la serpiente hundiéndose en la
tierra, dejando tras de sí las almas de sus descendientes[241].
Inmediatamente después se cubrió la fosa con una piedra
plana. Este rito indica que «el período de duelo ha pasado
y el muerto se ha reunido con su tótem». Resulta significa-
tivo que una misma palabra designe en el lenguaje de los
warramungas la sepultura definitiva del radio, el dibujo totémico y el acto por el que los diversos antepasados descien-
den bajo tierra[242]. De este modo cada individuo entra finalmente en el seno de su tótem y su muerte se confunde con
la del ancestro a quien reencarna.

238. Cf. pp. 193 y ss.; también las otras exequias a las que asistieron Spencer y Gillen tuvieron lugar después de la última ceremonia de la serpiente
negra, seis días después de que el radio hubiera sido llevado al campo.
239. Para simplificar la exposición omitimos un rito singular: los hombres decorados con el símbolo del tótem permanecen de pie con las piernas separadas, no lejos del dibujo sagrado, mientras las mujeres, en hilera,
se arrastran bajo esa especie de arco; la última de ellas lleva a su espalda
el radio, que le es arrebatado cuando se levanta, p. 540. Este rito parece
representar dramáticamente el mismo acontecimiento que evoca el dibujo sagrado: la desaparición del ancestro bajo tierra.
240. Ese acto, sin duda, tiene como efecto liberar el alma del muerto
contenida en los radios, al igual que ocurre con la fractura del cráneo en
otros lugares; cf. Dubois, *Hindú Manners* (1899), p. 547.
241. *Northern Tribes*, pp. 740 y ss.
242. *Ibid.*, pp. 542 y 162.

La muerte consumada por la ceremonia final no es una aniquilación, pues así como el ancestro dejó su alma tras la desaparición, lo mismo ocurre con el descendiente que habita de nuevo dicha alma.

Esta creencia no es exclusiva de las tribus mencionadas. También los aruntas, que entierran definitivamente el cadáver en cuanto se produce la muerte[243], creen que, al expirar el período intermedio en que al alma merodea por el lugar del enterramiento o campo de los vivos[244], esta se reúne con las otras almas de su tótem en el mismo lugar donde vivió en tiempo de los ancestros y donde siguió viviendo durante los intervalos de sus reencarnaciones[245]. Sobre la condición del alma sin encarnar y su modo de existencia solo tenemos algunas indicaciones bastante vagas. Sin embargo, como nos han explicado, para un australiano semejante espíritu es un personaje muy real, llegando a confundir su imagen con la de los ancestros que han dado origen a los grupos totémicos. Al igual que ellos, posee poderes mucho mayores que los miembros vivos de la tribu[246], y aunque generalmente los utiliza para hacer el bien hay que procurar no ofenderle con

243. *Native Tribes,* p. 497; aunque también encontramos en esa tribu el equivalente exacto de las segundas exequias de las tribus septentrionales. Se trata de la ceremonia celebrada doce o dieciocho meses después de la muerte, consistente en «pisar los ramajes de la tumba», con objeto de «enterrar el duelo» y hacer saber al alma que le ha llegado el momento de separarse definitivamente de los supervivientes, *ibid.,* pp. 503-509.
244. Para los aruntas el alma tiene un nombre especial durante esta fase *(Ulthana),* distinto del que designa el alma de un hombre vivo o al espíritu desencarnado; *ibid.,* pp. 514, 655 y 168.
245. La situación de este lugar de origen determina frecuentemente la orientación de la tumba o del cadáver. *Native Tribes,* p. 497; *Northern Tribes,* pp. 508, 542 y 554; cf. para los wotjobaluks, Howitt, *op. cit.,* pp. 453 y ss., y 450.
246. *Northern Tribes,* p. 277.

una familiaridad excesiva. También como los ancestros, los espíritus recorren el país, aunque solo por la noche, acampando en determinados lugares para celebrar ceremonias que a veces revelan, según los aruntas, a unos pocos privilegiados[247].

Dado que los ancestros, o al menos algunos de ellos, presentaban la apariencia del animal que les daba nombre[248], cabría esperar que el alma, cumplida la muerte, tomara cuerpo convenientemente en la especie sagrada. Pero lo curioso es que, a pesar de la creencia en que la muerte es una transformación del individuo en animal, según el tótem al que pertenezca, este hecho no ha sido reseñado en tribus australianas[249], aunque se puede hallar en otras sociedades, hasta tal punto que algunos autores han visto en ello la raíz del totemismo[250] que se manifiesta a veces claramente en la naturaleza de los últimos ritos funerarios. Los bororos, por ejemplo, creen que cada individuo se convierte después de la muerte en un animal, generalmente un loro de una especie deter-

247. *Native Tribes,* pp. 512, 516 y 521; *Northern Tribes,* p. 450.
248. *Northern Tribes,* pp. 150 y ss., pp. 162, 278 y 327; se considera que algunos antepasados han sido hombres y otros, por el contrario, animales, sobre todo las serpientes totémicas de las tribus del norte.
249. Y aún parece más sorprendente cuando encontramos entre los warramungas la creencia de que el alma puede abandonar su cuerpo en vida del individuo y tomar la apariencia de su tótem. Cuando matan a un hombre se supone que el espíritu de su presunto asesino vaga cerca de su víctima, y para saber a qué grupo totémico pertenece van a ver si descubren cerca de la sepultura algunas huellas de animal; *ibid.,* pp. *526-527.*
250. Véase Tylor, *Primitive Culture* (4.ª ed.), II, p. 236. Cf. sobre los zuñis, Cushing, en *Rep. Bur. Ethn.,* XIII, pp. 404 y ss. Este rasgo aparece con particular evidencia entre los bantúes del sur; cf. Theal, *Records,* VII, pp. 404 y ss.: las almas de los miembros del clan emigran, después de la muerte, al cuerpo de un animal de la especie epónima y sagrada. Lo mismo ocurre en los casos de «totemismo individual»; cf. sobre los thaitianos, Moerenhout, *op. cit.,* I, pp. 435-457: el espíritu de un muerto volvía a menudo al cuerpo del animal que había reverenciado durante su vida.

minada. Por eso uno de los actos esenciales de la ceremonia final consiste en la decoración ritual de los huesos desnudos que, en medio de danzas y cantos sagrados, quedan completamente revestidos con las plumas de esa clase de loro[251]. El sentido de esta ceremonia ligada a las exequias definitivas está claro: se trata de proporcionar al muerto un cuerpo nuevo para la nueva existencia en la que se dispone a entrar.

Para los australianos, la vuelta del alma a su condición primitiva no es definitiva, pues un día volverá al cuerpo de una mujer para recomenzar otra existencia humana[252]. El plazo que discurre entre la muerte y este renacimiento es indefinido y parece depender exclusivamente de la voluntad del alma y de las ocasiones que se le ofrezcan[253]. Sin embargo, en dos tribus muy distintas se observa la existencia de un intervalo mínimo: los aruntas creen que la reencarnación no podrá tener lugar hasta que los huesos se hayan convertido en polvo; por su parte, los gnajis piensan que esta se producirá cuando las lluvias los hayan lavado y purificado[254]. Aunque no convenga conceder excesiva importancia

251. Citamos este hecho, aunque quizá no se trate de totemismo propiamente dicho. No sabemos, en efecto, si el animal sagrado es epónimo ni si es privativo de un clan. Señalemos que, en el curso de la misma ceremonia, un personaje decorado con plumas de loro representa el alma del muerto en su estado actual; v. d. Steinen, *Unter den Natur völkern Central-Brasilians*, pp. 504 y ss., y 511.

252. No podemos entrar aquí en el examen de las reglas que, según suponemos, rigen la reencarnación y determinan, desde el punto de vista totémico, la identidad del individuo.

253. *Northern Tribes,* p. 34.

254. *Native Tribes,* p. 515; *Northern Tribes,* p. 546. Quizá haya que vincular esos hechos con los que presenta la tribu de los luritchas, practicante del canibalismo. Normalmente tienen buen cuidado de destruir los huesos de los que han matado porque, de otra manera, los huesos se reunirían y las víctimas resucitadas se vengarían de sus asesinos.

a estas representaciones particulares, que, además, resultan poco coherentes, parece existir un lazo entre el estado de las osamentas y el del alma, ya que esta no podrá volver a ocupar su sitio entre los hombres hasta que haya desaparecido todo su cuerpo presente. En todo caso, con independencia de la fecha, la reencarnación es cosa habitual, se da por descontada. El rito que identifica la muerte del individuo con la muerte del ancestro tiene como consecuencia indirecta la conservación de las almas de que dispone el grupo totémico, y hacer posible, por consiguiente, la perpetuidad y la integridad de dicho grupo.

Si se compara la ceremonia final, tal como se presenta entre los australianos centrales, con la fiesta funeraria indonesia, no puede uno dejar de sorprenderse por la similitud existente entre las dos formas de una misma institución. No solo se trata de poner fin al duelo de los parientes próximos del muerto[255], sino que también, en definitiva, se persigue el mismo objetivo respecto del difunto. Al igual que los dayaks, los warramungas pretenden, con el último rito funerario, consumar definitivamente la separación del muerto del mundo de los vivos y asegurar su entrada en la comunión de los ancestros sagrados. Como los dayaks, los warramungas no consideran eterna esta nueva existencia; únicamente la liberación del alma hace posible y prepara un ulterior retorno del individuo al grupo que acaba de dejar. Junto con esta concordancia profunda se observan ciertas diferencias: por una parte, el pensamiento de la reencarnación parece más acusado y próximo entre los australianos que entre los indonesios, dado lo cual la sociedad de los muertos se presenta en-

255. *Native Tribes,* p. 507; *Northern Tribes,* pp. 509, 525 y 554.

tre los primeros quizá con menos consistencia y autonomía, ya que las almas, en lugar de reunirse en una aldea común, se encuentran diseminadas en diferentes lugares repartidos a lo largo del territorio tribal[256]; por otra parte, y en consecuencia, no hemos encontrado en ninguna de dichas tribus la sepultura colectiva de los huesos[257]. La reunión de los muertos con sus antepasados solo se opera de una forma mística, lo que se explica quizá por el carácter indefinido del grupo totémico australiano[258].

256. Sin embargo, entre los warramungas los hogares totémicos presentan una cierta concentración. Una región determinada particularmente accidentada parece haber sido el *home* común de diversos antepasados totémicos; *Northern Tribes.,* p. 250. No hay mucha distancia entre esta representación y la de una estancia subterránea y colectiva de los muertos. Los aruntas creen que a los espíritus no les gusta el frío que pasan en las cavernas subterráneas durante las noches de invierno; *Native Tribes,* p. 513.
257. Quizá haya entre ambos hechos algo más que una vaga correlación, pues se puede uno preguntar si el árbol que sirve de sepultura definitiva a los huesos del muerto entre los binbingas, por ejemplo, no es o no ha sido el mismo que sirve de residencia al alma del muerto; para un hecho análogo relativo al depósito del prepucio después de la circuncisión, cf. *Northern Tribes,* p. 341, y Frazer, en *Independent Review* (1904), p. 211. Observemos que, entre los aruntas, la supervivencia de las almas de los antepasados está ligada a la conservación de los *churinga,* objetos sagrados que llevan las marcas totémicas y que han dejado tras de sí en el lugar donde desaparecieron para servir de morada a su espíritu desencarnado; cf. *Native Tribes,* pp. 123 y ss., y pp. 132 y ss.; *Northern Tribes,* pp. 258 y 265-267; así pues, los huesos ritualmente decorados parecen ser en las tribus más septentrionales el equivalente del *churinga.* Ellos constituyen el cuerpo del alma desencarnada y, al igual que ellas, son sagrados y emanan un poder mágico y fertilizante; *ibid.,* pp. 531 y 546. En todo caso, el rito final warramunga tiene por objeto efectuar, al menos simbólicamente, el depósito del radio en el centro totémico local.
258. Para estudiar la ceremonia final de carácter totémico solo nos hemos ocupado de los australianos, pero una ceremonia análoga ha debido existir entre los otros pueblos totémicos; cf. sobre los tlinkits, Krause, *Die Thlinkit,* pp. 234-238: en una fiesta final en honor del muerto, el huésped aparece revestido con las insignias de su tótem, mientras desde fuera un

Aunque la reunión de los huesos del muerto con los de sus ancestros no exista en las tribus de Australia Central, no deja por ello de constituir uno de los actos esenciales de la ceremonia final. Los osarios, cuya existencia atestiguan numerosos etnógrafos, suelen pertenecer a la familia o al clan[259]. «Vivos, una sola casa; muertos, una sola tumba», dice un proverbio malgache que expresa un sentimiento extendido y profundo[260]. Los choctaws estimaban criminal y sacrílego el hecho de mezclar los huesos de un pariente con los de los extranjeros, pues los que tienen los mismos huesos y la misma carne deben estar juntos[261]. Por eso, tantos pueblos consideran que la mayor desgracia que puede ocurrirle a un individuo es morir lejos y quedar separado para siempre de los suyos, por lo que se hacen grandes esfuerzos para llevar sus huesos a la tierra natal y unirlos a los de sus padres[262]. Parece como si el grupo se sintiera disminuir si consintiera que uno de los suyos quedara apartado definitivamente de su comunión.

miembro de la familia emite el grito del animal sagrado al tiempo que se sacrifican unos esclavos y se canta el origen de la familia y los hechos memorables de los ancestros.

259. Cf. Riedel, *Sluik- en kroesharige rassen,* p. 267; v. Balen, *op. cit.,* pp. 567-568; S. Müller, *op. cit.,* pp. 63 y 72; Rosenberg, *op. cit.,* pp. 434, 511 y 417-419; Turner, *Samoa,* p. 147; Verguet, *op. cit.,* pp. 208-209; Ellis, *op. cit.,* IV, p. 360; Moerenhout, I, pp. 101-102; Catlin, *Notes,* pp. 89 y ss.; Swan, *N.-W. Coast,* pp. 191-192; Gabb, *Proc. Am. Phil. Soc.* (1876), pp. 497 y ss.; Plümacher, en *Ausland* (1888), p. 43; Crevaux, *Voyages,* pp. 549 y 561-562; Batchelor, en *Antanan. Ann.,* III, p. 30; Grandidier, *op. cit.,* pp. 225, 227-229. Entre los chewsures, los que llevan el mismo nombre de familia se reúnen en la misma sepultura: Radde, *op. cit.,* p. 93.

260. Standing, en *Antanan. Ann.* (1883), VII, p. 73.

261. Adair, *Hist. of the American Indians* (1775), pp. 129 y ss., y 183.

262. Cf., en particular, Standing, *ibid.;* Bosman, *op. cit.,* pp. 232 y 476; Dobrizhoffer, *Historia de Abiponibus,* pp. 296-297 y 310; Carver, *Travels* (1871), pp. 400-402.

El rito de la reunión de los huesos quedará aclarado, como ha mostrado Brinton[263], si se relaciona con la costumbre muy extendida en América de juntar los huesos de los animales muertos en la caza. El motivo, a veces explícito, de esta práctica es que «los huesos contienen las almas de las bestias y un día se revestirán de nuevo con sus carnes, volviendo a poblar las praderas». Los huesos humanos son objeto de similar creencia. Contienen el germen de una futura existencia[264] y, por consiguiente, deben ser celosamente guardados en depósito como garantía de continuidad del grupo. Así, el osario del clan, a la vez que morada común donde se reúnen los ancestros, es también la reserva de almas de donde saldrán los descendientes.

Pero los osarios colectivos no son todos familiares, y las segundas exequias tienen a veces un alcance que sobrepasa con mucho los límites del grupo doméstico. La caverna de Ataruipe, en la región de las fuentes del Orinoco, de la que Alexandre von Humboldt dejó una célebre descripción, contenía alrededor de seiscientos esqueletos y era la «tumba de todo un pueblo desaparecido»[265]. Asimismo, un gran número de túmulos y de «fosas de huesos» que se encuentran en diferentes regiones de Estados Unidos parecen, por sus proporciones, haber servido de sepultura definitiva a comunidades extensas[266], como confirman diversos testimonios históricos.

263. Brinton, *Myths of the New-World,* pp. 259 y ss.
264. *Ibid.,* pp. 254 y ss.; Marcoy (en Preuss, *op. cit.,* p. 105) sobre los mesayas: evitan el lugar de la selva donde están depositados los huesos, por miedo a que el alma liberada entre en sus cuerpos.
265. Von Humboldt, *Ansichten der Natur* (1826), I, pp. 224-227: Parece que algunas urnas contienen los huesos de familias enteras.
266. Squier, *Aboriginal Monuments of the State of New York,* pp. 67 y ss., pp. 125-130; C. Thomas, en *Rep. Bur. Ethn.,* XII, pp. 672 y ss., y 539; Yarrow,

Tanto es así que cada una de las cuatro naciones que componían la Confederación de los hurones tenía la costumbre de reunir periódicamente los restos de sus muertos en una fosa común. Esta ceremonia, celebrada cada diez o doce años y denominada el «festín de las almas», era, según dicen, «de todas las acciones de los salvajes, la más brillante y solemne». A su debido tiempo, cada familia exhumaba los restos de los miembros después de la última fiesta, despojando las osamentas de las carnes que aún estuvieran pegadas[267] y revistiéndolas con nuevas ropas y adornos de collares con cuentas de porcelana o de guirnaldas. Después, tras una ceremonia doméstica[268], se disponían a llegar al punto de cita central, que solía encontrarse muy alejado. Esta comitiva fúnebre no estaba exenta de peligro, pues los huesos desecados, designados con el nombre de «almas», constituían una terrible carga que podía causar a los portadores un dolor de costado para toda la vida, a no ser que tuvieran la precaución de «imitar el grito de las almas» con cierta frecuencia, cosa que los aliviaba enormemente. En el rito final, ce-

---

op. cit., pp. 119, 129, 137 y 171; Saville, en *Amer. Anthrop.* (1899), N. S., I, pp. 350 y ss.; Preuss, *op. cit.,* pp. 10-11 y 39 y ss.; en algunos de estos osarios se han encontrado varios cientos de esqueletos. Que el depósito de osamentas en estas sepulturas comunes no tiene lugar hasta después de terminada la desecación se puede demostrar en buen número de casos por la posición relativa, la decoración de los huesos y la extrema pequeñez de los féretros (que ha suscitado la leyenda de una raza pigmea extinguida), etc.; las osamentas podían ser amontonadas de cualquier manera o estar reunidas, envueltas y simétricamente dispuestas.

267. Sin embargo, con los cuerpos enterrados recientemente, que aún no habían sido atacados por la descomposición, se limitaban a limpiarlos y cubrirlos de ropas nuevas, colocándolos sin más en la fosa común.

268. Esta iba seguida de una fiesta, común a toda la aldea, ofrecida por el jefe a los muertos reunidos en la «gran cabaña». La fiesta central parece haberse injertado en las fiestas de carácter doméstico o local.

lebrado con gran asistencia, los jefes, en nombre de los difuntos, procedían a una distribución general de presentes de la que se beneficiaban en buena parte los invitados forasteros, con objeto de hacerles admirar la magnificencia del país[269]. Encontramos aquí perfectamente representado un fenómeno que habíamos constatado ya entre los indonesios: el pronunciado carácter colectivo que siempre presenta la ceremonia final y que supone la concentración del cuerpo social sobre sí mismo. Pero en este caso no es la familia, ni siquiera la aldea, sino la nación la que interviene directamente para reintegrar a los muertos en la comunión social[270].

Desde ese momento el acto cobra una significación política[271], pues al poner en común todos sus muertos los diversos grupos domésticos y locales que forman la unidad superior toman conciencia de los vínculos que les unen y mantie-

269. Las familias de los muertos corrían principalmente con los gastos de estas liberalidades. Distribuían también jirones recortados de los vestidos que habían recubierto los huesos, pues estos poseían virtudes mágicas que los hacían muy apreciados. Cf. Brébeuf, *Relation de la Nouvelle-France* (1637), II, pp. 142 y ss.; Lafitau, *Moeurs des sauvages amériquains* (1724), II, pp. 446-457; Hunter, en *Ann. Rep. Canadian Instit. Toronto* (1889), pp. 5 y ss.: el relato de Brébeuf se refiere a los attignaouentanos, o Nación del Oso. Para una «fiesta de las almas» parecida entre los iroqueses y los choctaws, véase Yarrow, *op. cit.,* pp. 168-173. El rito de la distribución de regalos en la fiesta fúnebre está particularmente acentuado entre los indios del noroeste y los inuits occidentales; Krause, *op. cit.,* p. 223; Jacobsen, *op. cit.,* pp. 259 y ss.; Nelson, *op. cit.,* pp. 363 y ss.; Yarrow, *op. cit.,* pp. 171 y ss.
270. Señalemos que el carácter colectivo de las exequias finales modifica el modo de esta reintegración, pues los muertos de un determinado período se colocan juntos, separados de los otros muertos. El sentido del rito es evidentemente el mismo.
271. Precisamente en la fiesta cuya descripción nos han transmitido se habían producido disensiones entre dos partes de la nación, y una de ellas, en contra de la costumbre, se abstuvo de participar en la ceremonia.

nen. Al constituir la sociedad de los muertos, la sociedad de los vivos se vuelve a crear regularmente a sí misma.

Sin embargo, ciertas causas secundarias pueden tener el efecto de modificar la naturaleza de las segundas exequias. Como sabemos, los huesos de los muertos están investidos en general de un carácter sagrado y mágicamente eficaz, están «animados por potencia espiritual»[272], lo que genera el temor a que los enemigos violen la sepultura familiar para utilizar las energías contenidas en las osamentas en beneficio de sus hostiles intenciones. Semejante profanación constituiría para la familia la peor de las calamidades[273]. Por la misma razón cabría esperar que, guardando los restos de los muertos cerca de uno mismo, quedase asegurada una preciosa reserva de fuerzas bienhechoras. Ese temor y esta esperanza hacen que las exequias definitivas consistan, a veces, en el traslado de los huesos a la casa familiar[274] o en su distribución a los parientes del muerto, quienes los llevarán consigo. Por ello es raro encontrar, en las islas Andamán, un individuo adulto que no lleve puesto al menos un collar de huesos humanos, ya que para ellos no constituye un simple adorno, sino una defensa contra los designios de los espíritus malignos[275]. El contacto puede ser a veces incluso más

272. Codrington, *Melanesians,* pp. 261 y ss.; esta expresión proviene de la isla de Saa.
273. A veces previenen este peligro manteniendo en secreto la sepultura; cf. Codrington, *ibid.,* p. 219; Ellis, *Polynes. Res.,* I, p. 405; Moerenhout, *op. cit.,* I, pp. 554-555.
274. Cf. Koch, *op. cit.,* p. 34; Gumilla, *Histoire de l'Orénoque* (1758), I, p. 316.
275. Man, en *Journ. Anthr. Inst.,* XI, p. 86, y XII, p. 146. Se produce un contraste característico entre el siniestro abandono en que se deja el cadáver durante el período intermedio y el contacto familiar y bienhechor que tienen con los huesos después de la fiesta. Cf. sobre los indígenas de las islas Sandwich, Campbell, *op. cit.,* pp. 206-207, y Mariner, *op. cit., In-*

íntimo, como ocurre en algunas tribus de América del Sur en las que calcinan y pulverizan los huesos después de la ceremonia final para frotarse con ellos el cuerpo o ingerirlos con la bebida. La explicación dada por algunos indios es interesante: como creen que el alma reside en los huesos, esperan al consumirlos hacer revivir al muerto en ellos[276].

Muy frecuentemente, como ocurre en Indonesia, con motivo de las segundas exequias se celebra un servicio destinado a proporcionar al alma paz y beatitud. Existe un vínculo estrecho entre el alma y los huesos[277], razón por la cual los ritos destinados a purificarlos, decorarlos, vivificarlos y conducirlos finalmente a un lugar consagrado tienen repercusión sobre la condición del alma. Pero, además, existen encantamientos especiales o ritos de carácter dramático que persiguen directamente hacer salir al alma de las garras de la muerte.

A este respecto, la ceremonia observada por los insulares de Mabuiag es particularmente instructiva. En los momentos que siguen a su llegada al país de los muertos el alma permanece como una sombra inconsistente, que es acogida y escondida por el alma de un amigo muerto con antelación.

trod., p. L; sobre los caribes de la (antigua) Guayana británica, R. Schomburgk, *Reisen, II,* p. 432.

276. Cf. sobre los arauques del sur del Orinoco, W. Raleigh, en *Relation des Voyages de Coréal* (1722), II, p. 201; sobre los caribes de Guayana Francesa, Biet, *op. cit.,* p. 392; de Neuville, en *Mémoires de Trévoux* (1723), XXIX, p. 448; sobre los jumanas y los tucanos, v. Martiux, *Beiträge zur Amerikas Ethnographie,* pp. 480 y 599.

277. Este vínculo aparece claramente en un cuento hindú moderno (cf. Monier Williams, en Oldenberg, *op. cit.,* p. 476, n. 1), donde el fantasma de un muerto dejado sin sepultura atormenta a los vivos hasta el día en que una corneja arrastra al Ganges sus osamentas, haciendo posible su entrada en la beatitud celeste. Cf. Caland, *Alting. Totengebr.,* p. 107.

Pasada la primera noche de luna nueva, el amigo la introducirá en la compañía de otras almas que le asestarán golpes en la cabeza con una maza de piedra, convirtiendo así al recién llegado en un verdadero espíritu que pasará a ser inmediatamente instruido en los secretos del otro mundo.

Mientras asisten a esta transformación, que naturalmente es interpretada en la tierra por personajes disfrazados de espíritus, los parientes y amigos del muerto se lamentan diciendo: «Le están instruyendo, y ahora que es un verdadero espíritu nos olvidará a todos»[278]. En ese momento la separación entre el difunto y este mundo se consuma definitivamente. Es tan cierto que la muerte natural no había bastado para romper los vínculos que le retenían aquí abajo, que, para convertirse en un habitante legítimo y auténtico del país de los muertos, previamente ha habido que matarlo. Aunque no se diga, se trata de una verdadera iniciación, pues de la misma manera que los secretos del grupo solo le son revelados al joven, una vez superadas las pruebas impuestas, el muerto no puede pasar de su estado miserable a un estado feliz, no puede ser elevado al rango de los verdaderos espíritus hasta que haya muerto según el rito y haya vuelto a nacer. Se comprende ahora por qué el gran viaje del alma es generalmente concebido como algo difícil y peligroso, por qué los sacerdotes o curanderos encargados de conducir al alma están obligados a dirigir todas sus fuerzas al objetivo deseado y por qué los asistentes esperan el desenlace con ansiedad. No es que el grupo dude en realidad de la liberación final, pues, a condición de ser puntualmente cumplido, el rito establecido reviste para ellos una eficacia irresistible,

278. *Report Cambr. Anthrop.* Exp., V, pp. 355 y ss.

pero esas angustias y arduos esfuerzos son necesarios, de la misma manera que no sería posible ser iniciado sin sufrimientos infligidos y sufridos. Las pruebas imaginarias que el alma encuentra en su camino hacia el cielo constituyen un verdadero sacramento que tiene como efecto regenerar al muerto y abrirle el otro mundo.

La ceremonia final transforma, pues, profundamente la condición del difunto: le despierta de su mal sueño[279] y le hace apto para vivir de nuevo una vida social bien asentada. De una sombra errante se convierte en un «Padre»[280]. Esta transformación no difiere esencialmente de una verdadera resurrección. Incluso en los mitos y cuentos, donde la imaginación colectiva tiene libre curso, ambos fenómenos se confunden a menudo: un hálito o una aspersión vivificante bastan para devolver a los huesos la carne y el espíritu[281] y los muertos volverán a levantarse y retomar el hilo de su existencia interrumpida. Pero en la vida real es forzoso aceptar un hecho irrevocable. Por muy intenso que sea su deseo, los hombres no osan esperar para ellos mismos «una muerte como la de la luna o la del sol que se zambullen en las tinieblas del Hades para levantarse por la mañana dotados con un nuevo vigor»[282]. Los ritos funerarios no pueden anular completamente la obra de la muerte. Aquellos a los que ha alcanzado volverán a la vida, pero será en otro mundo o bajo otra especie.

279. Véase *infra,* p. 124.
280. Según la creencia hindú, el muerto es, en primer lugar, un *preta,* un aparecido o un fantasma, y solo después de cierto tiempo entrará en el mundo de los *pitaras.* Cf. Caland, *Ueber Totenverehrung bei einigen der Indogerman Völker,* pp 22 y ss.; Oldenberg, *Religion du Veda,* pp. 473 y ss.
281. Véase Brinton, *Myths of the New-World,* p. 258; cf. Petitot, *Traditions indiennes,* pp. 37, 150 y 461; de Bourbourg, *Popol-Vuh,* pp. 173-177.
282. Cf. White, *Ancient History of the Maori,* II, p. 90.

No siempre el alma está obligada a cumplir una estancia en el país de los espíritus ancestrales antes de poder entrar en el cuerpo de un niño. A veces la reencarnación tiene lugar inmediatamente al salir del período fúnebre[283], y a menudo una de las almas, la que está directamente unida al cuerpo, puede, en un plazo no definido, emigrar al seno de una mujer y volver al mundo. La fecha de esta supuesta transmigración parece depender solamente del nacimiento de un niño en la familia a la que pertenecía el muerto[284]. Así se deduce al menos de la regla seguida para la transmisión del nombre[285] en diversos pueblos. Entre los inuits, por ejemplo, cuando un niño nace le dan el nombre de la última persona muerta en la aldea o de un pariente muerto lejos. Esta ceremonia tiene el efecto de hacer pasar al cuerpo del recién nacido el nombre que hasta el momento había quedado cerca del cadáver. Según algún autor, esto recibe el nombre de «reanimación o resurrección del difunto», que asegura la paz de su alma al tiempo que releva del duelo a los parientes del muerto, que ven volver bajo una forma nueva al que habían perdido. El niño será, en efecto, la encarnación viviente del individuo cuyo nombre lleva, y se supone que heredará sus talentos y lo representará en las fiestas de los muertos[286]. Pero hasta que no haya comenzado su nueva exis-

---

283. Ese es el caso, por ejemplo, de los abchases: mientras que algunos de ellos creen que el alma liberada por la fiesta del cuadragésimo día va a unirse a Dios, otros piensan que pasa al cuerpo de un niño nacido ese día. V. Hahn, *Bilder aus dem Kaukasus,* pp. 244-246.
284. Petitot, *Traditions indiennes,* pp. *215* y ss.
285. Se sabe que el nombre no es más que uno de los elementos del alma.
286. Nelson, *op. cit.,* pp. 289, 379, 424 y ss., y 490; Rink, *Danish Greenland,* p. 206; Crantz, *Hist. of Greenland* (1820), I, pp. 149 y 342; Holm, en *Meddelelser om Gronland,* t. X (1888), pp. 111-113 y 372-373; Nansen, *Es-*

tencia el nombre del muerto no debe nunca ser pronunciado[287]. Dicha prohibición se encuentra también entre los chinooks, pero termina con las exequias definitivas[288], lo cual significa que la imposición del nombre del muerto al recién nacido equivale en cierto sentido a la ceremonia final, pues, al igual que esta, apacigua al muerto y le vuelve a la vida poniendo término al peligro y al tabú fúnebres[289].

kimo Life, pp. 228 y ss.; esta imposición del nombre es obligatoria, y su falta acarrearía malas consecuencias para el niño. Cf. sobre los chewsures, v. Hahn, *Bilder aus d. Kaukasus,* pp. 212 y ss.: cuando un niño de uno o dos años está enfermo, la familia consulta a una nigromante para saber de qué alma procede el mal. Entonces le dan al enfermo el nombre del muerto (sin duda con la intención de pacificar a este último liberando y haciendo revivir su alma-nombre). Cf. Petitot, *Region du grand lac des Ours,* p. 277; Krause, *op. cit.,* p. 282.

287. Crantz, *loc. cit.;* sin embargo, este testimonio parece contradicho por Holm. Según él, al final del duelo el nombre ya no se pronuncia más. Según Rink, si el individuo ha muerto poco tiempo antes del nacimiento, o en condiciones particularmente penosas, su nombre no podrá ser pronunciado sin necesidad y habrá que dar al niño otro nombre para uso diario. Cf. Jacobsen, *op. cit.,* p. 51.

288. Swan, *N.-W. Coast,* p. 189. La duración del tabú tan generalizado que pesa sobre el nombre del muerto suele ser indefinida. Sin embargo, entre los aruntas, después de la ceremonia que pone fin al duelo el nombre puede ser pronunciado libremente (salvo por algunos grupos de parientes); Spencer y Gillen, *Native Tribes,* p. 498.

289. La liberación del alma-nombre no siempre se hace por la encarnación en un recién nacido. En diversas tribus indias, especialmente si se trata de un jefe o un personaje distinguido, el nombre, después de haber quedado cierto tiempo «embalsamado con el cadáver», es restablecido por el nuevo jefe o por algún otro notable: esto se llama «resucitar al difunto»; a partir de ese momento, el vivo será considerado como el propio muerto y tendrá todos sus derechos. Entre los iroqueses, esta transmigración del nombre da lugar a una gran fiesta que celebran «cuando las penas de la familia se han disipado»; Lafitau, *op. cit.,* II, p. 434; Brébeuf, *op. cit.,* p. 92; para los tlinkits, cf. Krause, *op. cit.,* pp. 234 y ss. Entre los algonquinos mesquaki, el personaje encargado de llevar el alma al país de los muertos en la ceremonia final añade el nombre del muerto al suyo, representando desde ese momento al difunto y cumpliendo sus deberes de familia; cf. Owen, *Folk-lore of the Mousquakie Indians,* pp. 83-86. En ese

Al parecer, en Indonesia la fiesta que pone fin a los ritos funerarios tiene también el efecto de relevar a los supervivientes de la obligación del duelo. Se trata de un hecho generalizado, y aunque el contenido de los ritos pueda variar, el sentido general es el mismo. Los parientes del muerto quedan descargados de la peligrosa propiedad que la desgracia les había infligido y reciben un «cuerpo nuevo»[290], tal como exige la vida normal, separándose definitivamente de la muerte y de las malas potencias[291] para entrar de pleno derecho en el mundo de los vivos[292].

Pero la institución de las segundas exequias, cuyo significado y generalidad hemos intentado mostrar, está sufriendo una notable regresión[293], si bien en algunas sociedades subsisten trazas inequívocas de la costumbre original. Los denés, por ejemplo, cierto tiempo después de la muerte abren el sarcófago que contiene los restos del difunto y se limitan a contemplarlos sin atreverse a incurrir en el riesgo y la suciedad que implica el contacto con el cadáver, para volver a cerrar la tumba definitivamente[294] después de ofrecer una

caso, la «resurrección del nombre» y la introducción del alma en el país de los muertos están estrechamente ligadas.

290. Goddard, *Hupas,* p. 72. Se obtiene este resultado administrando a los padres del muerto alguna «medicina» mágica o asegurándoles los buenos efectos del sacrificio; cf. Junod, *Ba-Ronga,* pp. 56 y ss.; Arbousset, *Relation d'un voyage au Nord-est du Cap* (1842), pp. 558-565.

291. El ritual hindú prescribe elevar una piedra que proteja a los vivos y les sirva de barrera contra la muerte; cf. Caland, *Altind. Totengebr.,* p. 122.

292. Los chewsures proporcionan un ejemplo típico de esa reintegración; cf. v. Hahn, *op. cit.,* pp. 207 y 228 y ss.; esta se realiza en medio de una intensa alegría colectiva: cantan, danzan y se abrazan, cosa que en otros momentos parecería escandalosa.

293. Cf. *supra,* p. 88.

294. Petitot, *Region du grand lac des Ours,* pp. 119 y ss.; *Traditions indiennes,* pp. 271-272. Cf. Alden, en Yarrow, *op. cit.,* p. 161, sobre los Grandes-

comida a las almas. En otros pueblos, el último rito consiste en hollar la tumba con los pies[295] o sellarla con la erección de un monumento funerario[296]. Solo así entrará el muerto en la plena posesión de la morada que hasta entonces se contentaba con habitar. Otros casos no presentan ya estas supervivencias, y en ellos la fiesta tiene como único objeto la conclusión del período fúnebre[297] y el duelo o el definitivo bienestar del alma descarnada. Pero a veces también estas funciones se suprimen de la ceremonia final o pierden su importancia. Es lógico que al existir, como hemos visto, una estrecha solidaridad entre el cuerpo y el alma del difunto, si las verdaderas exequias tienen lugar inmediatamente después de la muerte se pretenda asegurar la salvación del alma desde ese preciso momento. Por otra parte, el duelo

Vientres: el cadáver se deja sobre la plataforma donde ha sido expuesto y nunca más osarán tocarlo, pues sería dañino (bad medecine).

295. Por ejemplo, los caribes de las islas, de Rochefort, *Histoire des Antilles,* pp. 568 y ss.; Preuss, *op. cit.,* pp. 19-20.

296. Cf. en las islas Pelau, Kubary, en *Orig. Mittl., Ethn. Abt. d. K. Mus.,* Berlín, I, 1, p. 10: la ceremonia tiene lugar al cabo de 100 días, al final del duelo; en Java, Crawford, *History* (1820), I, p. 96; en Tonga, Baessler, *Südsee Bilder,* p. 335. Recordemos la costumbre, aún observada por los judíos, de no levantar la losa de la tumba hasta un año después de la muerte. El cierre ritual de la casa del muerto entre los bantúes del sur tiene la misma significación: Junod, *op. cit.,* pp. 51 y 56; Declé, *Three Years,* pp. 233 y ss.; cf. Du Chaillu, *Voyages et aventures,* pp. 268 y ss.

297. Hay un rito que suele considerarse como el acto esencial de la ceremonia final: la destrucción, el enterramiento o el reparto a los extraños de los vestidos y en general de los bienes muebles del difunto, que hasta el momento habían permanecido guardados; cf. sobre los sioux wahpeton, McChesney, en Yarrow, *op. cit.,* p. 195; sobre los tarahumaras, Lumholtz, *Unknown México,* I, p. 384; sobre los arawaks de la Guayana británica, R. Schomburgk, *op. cit.,* pp. 457-459; sobre los chewsures, v. Hahn, *op. cit.,* p. 230. El mismo rito forma parte integrante de la ceremonia de las segundas exequias entre diferentes pueblos, en particular entre los bororos y los bribris de Costa Rica.

también cambia de naturaleza y de sentido, pues ya no se trata de que los supervivientes resalten su participación en el estado presente del muerto, sino de expresar una pena que se considera obligatoria. En ese sentido, la duración del duelo no depende de las representaciones relativas al difunto, sino que está completamente determinada por causas de orden doméstico o social. Dicho de otro modo, ya no hay necesidad de ritos especiales para liberar a los parientes del muerto, dado que ellos se restablecen por sí mismos en cierto modo cuando expira el período prescrito. Empobrecida de esta forma la ceremonia final, queda reducida a un simple servicio de aniversario sin otro objeto que el de rendir un supremo honor al difunto y conmemorar su muerte.

3. Conclusión

Resulta imposible interpretar el conjunto de los hechos expuestos si solo se ve en la muerte un acontecimiento de orden físico, pues el horror que inspira el cadáver no proviene únicamente de la mera constatación de los cambios acaecidos en el cuerpo. La prueba de que una explicación simplista de tal género es insuficiente es que, en el interior de una misma sociedad, la emoción varía extremadamente en intensidad según el carácter social del difunto e incluso en ciertos casos puede llegar a faltar por completo. A la muerte de un jefe o de un hombre investido de alta dignidad, un verdadero pánico se apodera de todo el grupo. El cadáver posee tal virtud contaminante, que los cafres, por ejemplo, desertan del Kraal inmediatamente, y ni siquiera los enemigos quieren habitar allí[298]. Sin embargo, la muerte de un ex-

298. Lichtenstein, *Reisen im südlichen Africa* (1811), I, p. 423: en el caso de un niño, se limitan a cerrar la choza mortuoria, impidiendo así que el contagio se extienda fuera.

tranjero, de un esclavo o un niño[299] pasará casi desapercibi-
da, sin provocar emoción ni dar lugar a rito alguno[300]. Así pues,
no es la extinción de la vida animal lo que provoca en la
muerte ese cúmulo de creencias, sentimientos y ritos sociales.

La muerte no se limita a poner fin a la existencia corporal
visible de un vivo, sino que del mismo golpe destruye al ser
social inserto en la individualidad física, a quien la conciencia colectiva atribuía una importancia y dignidad más o menos fuerte. Ahora bien, este ente ha sido constituido por la
sociedad mediante auténticos ritos de consagración, poniendo en juego energías proporcionales al valor social del difunto. Su destrucción equivale, pues, a un sacrilegio[301] que
implica la intervención de potencias del mismo orden, pero

299. Man, en *Journ. Anthr. Inst.,* XII, p. 146.

300. Hay un pasaje en el *Vedindad* dedicado a la definición del área de
contagio que se extiende en torno al cadáver; su extensión varía según la
posición, más o menos elevada, que tuviera asignada el difunto en la escala
de los seres. Si el muerto es un sacerdote, la suciedad se extiende sobre diez
individuos; si es un guerrero, sobre nueve; si es un labrador, sobre ocho; si
es un perro de rebaño, sobre siete, y así sucesivamente. Pero si el muerto
era un extranjero idólatra, o un hereje, o un animal criatura de Ahriman,
como la rana, el contacto del cadáver no implica para los supervivientes
suciedad alguna; solo en vida un ser de tales características podía ser foco
de infección, pero muerto ya no lo es. Ni siquiera los parientes próximos
del infiel llevarán luto durante su muerte. *Zend Avesta* (trad. Darmesteter),
t. II, pp. XIII y ss., pp. 75-78, 105, 190-191, 193, 235 y 251.

301. Esto queda expresado con fuerza en un texto maorí, donde el héroe
civilizador Maui no quería que los hombres estuvieran destinados a morir sin retorno, pues la muerte le parecía «una cosa degradante y un insulto a la dignidad del hombre»: White, *Ancient History of the Maori,* II,
p. 91. Para disminuir el horror de ese insulto, los supervivientes proceden a veces a una auténtica degradación del difunto. Así, en Tahití, cuando el muerto era miembro de la sociedad secreta de los Areoi, en una
ceremonia celebrada en el templo de esa sociedad, «despojaban al cuerpo
de toda la influencia sagrada y misteriosa» que el individuo pudiera haber recibido de Dios en su iniciación. Solo entonces el cadáver podía ser

de un carácter en cierto modo negativo. La obra de Dios solo puede ser deshecha por él mismo o por Satanás[302]. Por ello, los pueblos primitivos no ven en la muerte un fenómeno natural, sino siempre la acción de influencias espirituales. Puede ocurrir que por la violación de algún tabú el difunto haya atraído la desgracia sobre sí, o bien que un enemigo lo haya «matado» con encantamientos o ritos mágicos[303]. Los etnógrafos que nos relatan esta creencia general ven en ella un error grosero y persistente, pero nosotros debemos considerarla más bien como expresión ingenua de una necesidad social permanente. En efecto, la sociedad comunica a los individuos que la componen su propio carácter de perennidad, y dado que ella se siente y quiere inmortal, no puede creer tranquilamente que sus miembros, sobre todo aquellos en los que se encarna y con los que se identifica, estén destinados a morir. Su destrucción solo puede ser efecto de una siniestra maquinación. Sin duda, la realidad des-

---

embalsamado como el de un hombre ordinario; Ellis, *Polynesian Researches*, I, p. 244.

302. O, en lenguaje mazdeísta, los seres de la buena creación solo pueden ser destruidos por la acción de los demonios cuyo jefe es Ahriman («lleno de muerte»); cf. *Zend Avesta*, II, pp. 68-69.

303. Por otra parte, ambas causas no se excluyen. Cf. Spencer y Gillen, *Northern Tribes*, p. 519, y *Native Tribes*, p. 48; Van Hasselt, *Die Nuforesen*, pp. 197-198; Forbes, *Wanderings*, p. 438; Colenso, *On the Maori Races*, pp. 26 y 63; Turner, *Samoa*, II, pp. 50 y ss., y 272; Ellis, *Polynesian Researches*, I, p. 395; Mariner, *Account*, I, pp. 374-375; Kubary, «Die Religion der Pelauer», en *Bastian's Allerlei aus Volks- und Menschenkunde* (1888), pp. 5 y 47; Dodge, *Our wild Indians*, p. 100; Yarrow, *op. cit.*, p. 123; Koch, *Animismus der Südamer. Indianer*, pp. 38 y ss; Von den Steinen, *Unter den Naturvölkern Central-Brasiliens*, p. 348; Bosman, *Voyage de Guinee*, p. 224; Kingsley, *Travels in West Africa*, p. 459; Du Chaillu, *Voyages et aventures*, p. 382. Estas pocas referencias, entre las muchas posibles, bastan para probar la generalidad de esa creencia.

miente brutalmente este prejuicio, pero el desmentido se acoge siempre con el mismo movimiento de estupor indignado y desesperación. Tal atentado necesita un autor sobre el que poder descargar la cólera del grupo. A veces se vuelve contra el propio muerto: «¿Qué razón tenías, ingrato, para abandonarnos?», y le requieren para que vuelva, aunque con más frecuencia se acusa a los supervivientes próximos de negligencia culpable[304] o de maleficios, intentando a toda costa descubrir y ejecutar a los hechiceros. Otras veces se desahogan en imprecaciones contra los espíritus mortíferos, como los Nagas, que los amenazan con su lanza y los desafían a mostrarse[305]. Así, cuando un hombre muere la sociedad no solo pierde una unidad, sino que resulta alcanzada en su propio principio de vida, en su fe en ella misma. Hay que leer las descripciones que nos dan los etnógrafos de las escenas de furiosa desolación que tienen lugar desde el momento mismo de la agonía o inmediatamente después de la expiración. Entre los warramungas, hombres y mujeres se precipitan en desorden sobre el agonizante, formando una masa compacta, que grita y se mutila atrozmente[306]. Diríase que la comunidad entera se siente perdida, directamente amenazada por la presencia de fuerzas antagónicas,

---

304. Por ejemplo, en China la muerte de un padre se le imputa al hijo, que ha debido faltar a su devoción filial: De Groot, *Religious System,* I, p. 69.

305. Godden, «Naga...», en *Journ. Anthrop. Inst.,* XXVI, pp. 195-196: «¡Si pudiéramos verte, te mataríamos con nuestras lanzas! ¡Comeríamos tu carne!... ¿Dónde has huido? No tenemos enemigo más cruel que tú, espíritu que destruyes a nuestros amigos en medio de nosotros.» Cf. Batchelor, *Ainu Folklore,* pp. 324 y 384-385.

306. Spencer y Gillen, *Northern Tribes,* p. 516; cf. Kingsley, *Travels,* p. 463.

a la vez que se conmueve la base de su propia existencia[307]. En cuanto al muerto, víctima y prisionero a la vez de las malas potencias, es rechazado violentamente fuera de la sociedad, arrastrando consigo a sus parientes más próximos.

Pero esta exclusión, al igual que la muerte, no es definitiva, y se resiste a ser considerada como irrevocable. Debido a la fe que tiene en sí misma, una sociedad sana no puede admitir que un individuo que ha formado parte de su propia sustancia[308], en la que ha imprimido su marca, se pierda para siempre. La última palabra ha de ser la de la vida. Por ello el difunto se ayudará de diversas formas para salir de las angustias de la muerte y volver a la paz de la comunión humana. Esta liberación, esta reintegración, constituyen, como hemos visto, uno de los actos más solemnes de la vida colectiva en las sociedades menos avanzadas a las que podemos llegar. Y cuando, más cercana a nosotros, la Iglesia cristiana garantiza a los que están plenamente integrados en ella «la resurrección y la vida»[309], no hace más que formular, rejuveneciéndola, la promesa que toda sociedad religiosa hace implícitamente a sus miembros. Por medio de los ritos ade-

307. Véanse los hechos relatados, *supra,* p. 69, a propósito de la muerte de los jefes.
308. Esto es literalmente cierto en las sociedades donde domina la creencia en la reencarnación. En ellas cada clan dispone de cierto número de almas que no puede perder, so pena de extinguirse.
309. Recordemos el pasaje del Evangelio según san Lucas, leído en el «Oficio de Difuntos»: «Yo soy la resurrección y la vida: el que cree en mí, aunque muera, vivirá, y el que vive y cree en mí no morirá para siempre.» La fe, es decir, la unión íntima del individuo y la Iglesia visible, es para él una garantía de su reunión futura con la Iglesia invisible. Esto es lo que expresa claramente la oración final recitada sobre la tumba: *ut sicut hic eum vera fides junxit fidelium turmis, ita illic eum tua miseratio societ angelicis choris.*

cuados, aquello que es obra de la propia colectividad se convierte en atributo de una persona divina, de un Salvador que, por su muerte-sacrificio, triunfa sobre la muerte y libera de ella a sus fieles. De este modo la resurrección, en lugar de ser efecto de una ceremonia determinada, es efecto de la gracia de Dios aplazada indefinidamente[310]. Así, en cualquier momento de la evolución religiosa que busquemos, la noción de muerte se une a la de resurrección, a la exclusión le sucede una nueva integración.

Una vez franqueada la muerte, el individuo no puede volver a la vida que ha dejado, pues la separación ha sido demasiado profunda para poder ser abolida inmediatamente. Por tanto, se reunirá con quienes como él y antes que él partieron de este mundo hacia el de sus antepasados, entrando en esa sociedad mítica de las almas que cada sociedad se construye a su propia imagen. Sin embargo, la ciudad celeste o subterránea no es una simple reproducción de la ciudad terrenal, pues al volverse a formar más allá de la muerte la sociedad se libera de los apremios exteriores de las necesidades físicas que aquí abajo se oponen constantemente al desarrollo del deseo colectivo. Precisamente, debido a que el otro mundo es solo una idea, libre de toda limitación, es —o puede ser[311]— el lugar ideal. Nada se opone allí a que en

---

310. Por otra parte, esa noción de resurrección no ha cambiado. Cf. Haigneré, *Des rites funèbres dans la liturgie romaine,* p. 23: «El cuerpo se unirá al alma que le ha dejado, y el alma reencontrará al cuerpo glorioso que ha abandonado momentáneamente a las humillaciones de la tumba», pp. 31 y 49. «En la tumba dormirán hasta el momento de la resurrección los restos mortales del piadoso cristiano.» Cf. Pablo, Corintios, I, 13. «El cuerpo sembrado en tierra, en plena corrupción, se ha levantado incorruptible...».
311. No decimos que siempre lo sea.

las «beneficiosas cacerías» del más allá la caza sea perpetuamente abundante o, para un inglés ávido de salmos, cada día de la vida eterna sea domingo. Además, en ciertas sociedades la forma en que concluye la existencia terrenal constituye un claro deterioro. Por eso cuando la muerte extiende su sombra sobre este mundo el triunfo del alma sobre ella le abre a esta una vida infinitamente más bella y pura[312]. Sin duda estas nociones no siempre se presentan de forma precisa y definida; ello ocurre cuando la sociedad religiosa empieza a diferenciarse de la sociedad doméstica o política. Es entonces cuando la muerte parece liberar al creyente de las fatalidades carnales y temporales que aquí abajo le tenían separado de Dios, permitiéndole entrar regenerado en la comunión de los santos, en la Iglesia invisible, digno de sentarse en el cielo al lado del Señor de quien procede. Aunque de una manera velada y vaga, esta misma concepción está también presente desde el principio de la evolución religiosa. Al unirse a sus padres, el muerto renace transfigurado, elevado a una potencia y dignidad superiores. En otros términos, la muerte, a ojos de los primitivos, es una iniciación[313].

312. Cf. sobre los chewsures, V. Hahn, *Bilder aus dem Kaukasus,* p. 223: la muerte es un «paso de la sociedad impura a las puras y claras moradas». El alma es pura; el cuerpo, el cadáver, fétido e impuro.
313. Véase *supra,* pp. 119-120. Resulta notable que esta representación de la muerte revelada por el estudio de los hechos etnográficos concuerde exactamente con la creencia cristiana, tal como la expone un apologista católico; cf. Dufour en Haigneré, *op. cit.,* pp. 60 y ss.: «Para el cristiano civilizado, la muerte, lejos de ser la exclusión perpetua... del individuo fuera del campo de la civilización universal, es la iniciación a la civilización infinita y el paso de la ciudad terrestre a la ciudad divina». Los católicos tienen a menudo la intuición de las realidades sociales, por su participación en una intensa vida colectiva.

Esta fórmula no es una simple metáfora. Así como la muerte para la conciencia colectiva es claramente el tránsito de la sociedad visible a la sociedad invisible, análoga operación tiene lugar cuando el joven es extraído de la sociedad de las mujeres y de los niños e introducido en la de los hombres adultos. Esta integración nueva que da al individuo acceso a los misterios sagrados de la tribu, también implica un cambio profundo de su persona, una renovación de su cuerpo y de su alma, que le permite adquirir la capacidad religiosa y moral necesaria. La similitud de ambos fenómenos es tan fundamental que este cambio se opera muy a menudo a través de la muerte figurada del aspirante, seguida de su renacimiento a una vida superior[314].

Pero no solo hay que relacionar la muerte con la iniciación tal como se representa en la conciencia colectiva. Ya hemos señalado el estrecho parentesco que une los ritos funerarios y los de nacimiento o matrimonio[315]; al igual que la muerte, ambos sucesos provocan una ceremonia importante donde la alegría se mezcla con cierta angustia, y en los tres casos hay que guardarse de los peligros místicos y proceder a ritos de purificación. Esta similitud de prácticas expresa una analogía profunda: el matrimonio opera un doble cambio de estado, haciendo salir a la novia de su familia,

---

314. Véase Frazer, *Golden Bough,* III, pp. 422 y ss. Igualmente, la preparación al sacrificio, es decir, «el paso del mundo de los hombres al mundo de los dioses», implica una muerte del ser temporal seguida de un renacimiento bajo nuevas especies; cf. Hubert y Mauss, *El sacrificio,* en *Année sociologique,* t. II, pp. 48 y ss.

315. Por ejemplo, Diels, *Sibillinische Blätter,* p. 48; explica el paralelismo de esos tres grupos de ritos por el hecho de que todos tienen por objeto operar una lustración. Pero de lo que se trata justamente es de explicar por qué es necesaria una purificación en esos tres momentos de la vida.

para introducirla en el clan o la familia de su marido, y obligándola a pasar de la clase de las jóvenes a la clase de las mujeres casadas. En cuanto al nacimiento, cumple para la conciencia colectiva la misma transformación que la muerte, pero en sentido inverso, ya que el individuo deja el mundo invisible y misterioso que su alma habitaba, y entra en la sociedad viva. Esta transición de un grupo a otro, real o imaginaria, supone siempre una renovación profunda del individuo, que se marca con ritos como la imposición de un nombre nuevo, el cambio de vestidos o de género de vida. También esta operación se concibe llena de riesgos, pues implica la puesta en juego de fuerzas necesarias, pero peligrosas. El cuerpo del recién nacido no es menos sagrado que el cadáver[316]. El velo de la casada y el de la viuda son de colores diferentes, pero no por ello dejan de tener la misma función, que es la de aislar y apartar a un ser temible[317].

316. Tanto el nacimiento como la muerte deben tener lugar fuera de la casa; cf., por ejemplo, para los inuits, Wells y Kelly, «English-Eskimo vocabulaires», en *Bureau of Education. Circul. of Inform.,* núm. 2, Washington (1890); p. 18; para los chewsures, Radde, *Die Chewsuren,* pp. 79 y 91. También aquí la impureza es contagiosa, como ocurre con la muerte. Se extiende a la madre y frecuentemente también al padre del recién nacido y les impone un tipo de vida separado, análogo al del duelo.

317. El matrimonio, como los funerales, implica un desgarro. El paso de un grupo a otro no puede hacerse de buenas a primeras: hay que vencer una resistencia. Se sabe que muchas veces el rito del rapto es un momento esencial de la ceremonia nupcial. Igualmente, en las exequias se emprende una lucha ritual entre parientes o amigos del muerto que se oponen a que se lleven el cadáver, y el resto de la comunidad que quiere que se cumpla la separación necesaria. Hay que violentar a los supervivientes. Cf. sobre los insulares de Car Nicobar, Kloss, *In the Andamans and Nicobars,* p. 304; en Timor, Gramberg, «Eene Maand in de binnenlanden van Timor», en *Verhand, v. h. Batav. Genot. v. K. en W.,* XXXVI, p. 212; en la isla de Roti, Heismering, *Zeden en gewoonten,* pp. 339 y ss.; en Nouvelle-Bretagne, Danks, *op. cit.,* pp. 352 y ss.; en las islas Pelau, Kubary, *Die Tod-*

Así pues, la muerte no se concibe primitivamente como un hecho único sin análogos. En nuestra civilización, la existencia de un individuo parece desarrollarse en el mismo tenor desde el nacimiento hasta la muerte; las etapas sucesivas de nuestra vida social están escasamente marcadas y dejan percibir constantemente la trama continua de la vida individual. Pero las sociedades menos avanzadas, cuya estructura interna es compacta y rígida, conciben la vida de un hombre como una sucesión de fases heterogéneas, con contornos determinados, a cada una de las cuales corresponde una clase social definida, más o menos organizada[318]. Por consiguiente, cada promoción del individuo implica el paso de un grupo a otro, una exclusión, es decir, una muerte, y una nueva integración, o sea, un renacimiento. Ambos elementos no siempre aparecen en el mismo plano, pues dependiendo de la naturaleza del cambio que se produzca, será uno u otro el que atraiga la atención colectiva y el que determine el carácter dominante del acontecimiento, aunque en el fondo sean complementarios. La muerte no es para la conciencia social más que un caso particular de un fenómeno general.

Nos será fácil ahora comprender por qué la muerte ha sido concebida durante mucho tiempo como un estado transitorio de cierta duración. Todo cambio de estado del indivi-

---

tenbestattung auf den Pelauinseln, p. 11; sobre los orungus del cabo López, Nassau, *Fetichism in West Africa,* pp. 236 y ss. Igualmente, la viuda es a menudo el objeto de una lucha entre los parientes del muerto, que quieren que se una a su marido (por ejemplo, en la pira funeraria) y sus propios parientes que la retienen en el mundo de los vivos: cf. sobre los tolkotinos, Yarrox, *op. cit.,* pp. 145 y ss.

318. Cf. Schurtz, *Altersklassen und Männerbünde,* y la recensión de esta obra en *L'Année,* t. VI, pp. 317-323.

duo que pasa de un grupo a otro implica una modificación profunda de la actitud mental de la sociedad respecto de él, que se produce gradualmente y exige tiempo. El hecho brutal de la muerte física no basta para consumar la muerte en las conciencias; la imagen del que acaba de morir forma aún parte del sistema de cosas de este mundo, y solo se separa de él poco a poco, a través de una serie de desgarros interiores. No pensamos en el muerto como muerto de repente, pues aún es parte sustancial nuestra, hemos puesto en él demasiado de nosotros mismos, y la participación en una misma vida social crea vínculos que no se rompen en un día. La «evidencia del hecho» es asaltada por una oleada contraria de imágenes, deseos y esperanzas[319], y solo poco a poco, al término de este conflicto prolongado la aceptaremos y creeremos en la separación como en algo real. Este es el doloroso proceso psicológico que se expresa bajo forma objetiva y mística en la creencia de que el alma rompe progresivamente los vínculos que le atan a este mundo, y que solo podrá encontrar una existencia estable cuando la representación del muerto haya tomado en la conciencia de los supervivientes un carácter definitivo y apaciguado. Entre la imagen persistente de un hombre parecido a nosotros y familiar, y la imagen de un ancestro, a veces venerado

---

319. En estado de vigilia esa oleada es, en general, contenida, aunque no sin sufrimientos, pues normalmente tenemos una percepción clara y un sentimiento vivo de lo real. Pero cuando el pensamiento se distiende, cuando en la sombra de la tarde, o durante el sueño, la representación de las cosas exteriores se borra, el mundo subjetivo toma su revancha, y la imagen del muerto en vida, rechazada sin cesar, vuelve a dominar la conciencia, como antaño. Así, el estado de desgarro y malestar interiores que siguen a una muerte dan lugar a alucinaciones y sueños frecuentes que, a su vez, contribuyen a prolongar ese estado; cf. Koch, *Animismus,* p. 21.

y siempre distante[320], la oposición es demasiado profunda para poder sustituir inmediatamente la primera por la segunda. Por eso se impone la noción de un «estado intermedio entre la muerte y la resurrección»[321], durante el cual se supone que el alma se libera de la impureza mortuoria y del pecado que le quedaba[322]. Así pues, si se precisa cierto tiempo para desterrar al muerto del país de los vivos es porque la sociedad, sacudida por el choque, ha de recuperar poco a poco su equilibrio[323] y porque el doble trabajo mental de desagregación y síntesis que supone la integración del indi-

320. Importa poco saber si esta nueva imagen está destinada a persistir en la conciencia de los sobrevivientes, pues muchas veces la ceremonia final tiene como objeto abolir el recuerdo del muerto. El difunto, al unirse a los padres, va a perderse en una colectividad anónima y no se pensará más en él como individuo. Pero el olvido no es un proceso simplemente negativo; implica todo un trabajo de reconstrucción.

321. Cf. Campbell, *The doctrines of a Middle State Between Death and Resurrection* (1721).

322. La noción de «purgatorio» no es, en efecto, más que una transposición al lenguaje moral de la noción de un estadio que precede a la liberación final. Los sufrimientos del alma, durante el período intermedio, aparecen en primer lugar como una consecuencia del estado transitorio en el que se encuentra. En un momento ulterior de la evolución religiosa, las penas del alma son concebidas como consecuencia de la expiación necesaria de los pecados que ha cometido durante su existencia terrestre. Esta transformación, perfectamente normal por otra parte, se produce también en la creencia hindú relativa al *preta;* cf. Oldenberg, *op. cit.,* pp. 476 y ss.

323. Este llega no solo por el trabajo interior que hemos indicado, sino a veces también por medio de actos. Cualesquiera que sean las causas particulares que determinan la institución de la venganza de sangre, es cierto que permite al grupo descargarse de la emoción que la muerte ha acumulado en él, lo cual se expresa en la creencia de que la ejecución del supuesto asesino pacifica al muerto. También el cumplimiento de la *vendetta* es a veces una condición de la ceremonia final y del final del duelo. Cf. Steinmetz, *Ethnologische Studien zur ersten Entwicklung der Strafe,* y Mauss, *La religión et les origines du droit pénal.*

viduo en un mundo nuevo se cumple de una forma en cierto modo molecular y exige tiempo[324].

Parece como si la sociedad fuera incapaz, durante mucho tiempo, de tener conciencia de sí misma y de los fenómenos que constituyen su vida, a no ser de manera indirecta, después de haberse reflejado, en cierto modo, en el mundo material. Así pues, la infección que se apodera del cuerpo por un tiempo manifiesta de forma sensible la presencia temporal de las potencias siniestras[325]. La destrucción gradual del antiguo cuerpo terrestre, que prolonga y consuma el atentado inicial, expresa concretamente el estado de turbación y desgarro en que se halla la comunidad en tanto la exclusión del muerto no haya concluido. También la reducción del

324. Parece que la misma proposición se verificaría con motivo de otros cambios de estado análogos al que tiene lugar con la muerte. Recordemos que los ritos de iniciación cubren un tiempo a veces muy largo, durante el cual el joven queda en un estado transitorio que lo sujeta a numerosos tabúes. Igualmente, el período que sigue al matrimonio (y que en numerosas sociedades no termina hasta el nacimiento del primer niño) tiene un carácter perturbador y especial. Y ni siquiera el nacimiento físico basta para hacer entrar al niño en la sociedad de los vivos. El recién nacido será objeto de representaciones totalmente análogas a las que tienen lugar a propósito del muerto. Cf. Cushing, *Remarks on Shamanism*, en *Proceedings Americ. Philos. Soc.*, XXXVI, p. 184; Batchelor, *Ainu Folklore*, p. 240.
325. Esto queda explícitamente enunciado en el Avesta: inmediatamente después de la muerte de un fiel, la Druj Nasu (demonio-cadáver) cae de las regiones del norte donde habitan los espíritus malos «bajo la forma de una mosca furiosa» y toma posesión del cuerpo. La descomposición señala su presencia; *Zend Avesta*, t. II, pp. 38, 22, 96 y ss. Representaciones análogas funcionan en la Iglesia católica; cf. Haigneré, *op cit.*, pp. 40 y ss.: «al asperjar el cuerpo con agua bendita, la Iglesia parece tener en mente principalmente poner en fuga al demonio, cuyo ojo salvaje está ahí brillando con el deseo de devorar una presa». El incienso tiene por objeto «que prevalezca el buen olor de Jesucristo sobre la infección de las emanaciones cadavéricas».

cadáver a osamentas más o menos inmutables, sobre las que el muerto ya no podrá rehacerse, aparece como condición y signo de la liberación final. Una vez que el cuerpo del difunto se asemeja al de sus ancestros, parece que ya no hay obstáculos para la entrada del alma en su comunión. Con toda razón hemos insistido[326] en el estrecho vínculo que une la representación del cuerpo y la del alma. Dicha conexión mental es necesaria no solo porque el pensamiento colectivo es en sus comienzos concreto e incapaz de concebir una existencia puramente espiritual, sino, sobre todo, porque presenta un carácter profundamente motor y dramático. El grupo precisa de actos que fijen la atención de sus miembros, que orienten su imaginación en un sentido definido, que sugieran a todos una creencia concreta. Así pues, la materia sobre la que se ejerza la actividad colectiva después de la muerte, y que sirva de objeto a los ritos, será naturalmente el propio cuerpo del difunto, y la integración del muerto en la sociedad invisible solo se cumplirá plenamente cuando los restos materiales se hayan reunido con los de sus padres. Tal es la acción que la sociedad ejerce sobre el cuerpo, para conferir realidad plena al drama que ella se representa respecto del alma[327]. Así pues, los fenómenos físicos que constituyen o siguen a la muerte, aunque no determi-

---

326. Entre otros, Preuss, *op. cit.,* pp. 239 y ss.
327. Véase *supra,* pp. 90-92. El abad Haigneré, en el interesante opúsculo que hemos citado varias veces, ha señalado insistentemente el paralelismo constante entre los ritos funerarios y las representaciones relativas al alma: «La Iglesia hará con el cuerpo lo que Dios hace con el alma; le seguirá desde el lecho de muerte hasta el lugar de su reposo...; deposita el cuerpo en el seno de la tierra (consagrada), cuando en su pensamiento... la puerta del cielo se abre para recibir al alma en el seno de Dios.» Haigneré, *op. cit.,* pp. 21 y ss., y pp. 48-53.

nen por sí mismos las representaciones y emociones colectivas, contribuyen a darles la forma definitiva que estas presentan, aportándoles, de algún modo, un soporte material. La sociedad proyecta en el mundo que le rodea sus propias maneras de pensar y sentir, y este, a su vez, las fija, las regula y las limita en el tiempo.

La hipótesis que acabamos de exponer parece confirmada por el hecho de que, incluso en las sociedades donde domina la práctica de las dobles exequias, algunas categorías de individuos están intencionadamente excluidas del rito funerario.

Este es el caso, en primer lugar, de los niños. Los olo maanjan colocan a los menores de siete años en un féretro que no se renueva y queda depositado el mismo día de la muerte en la tumba familiar, bastando un sacrificio al día siguiente para que el alma entre purificada en la ciudad de los muertos. Por la misma razón, el duelo de los padres no dura más de una semana[328]. La costumbre más común entre los dayaks

328. Tromp, *Begräbniss bei den Sihongern,* pp. 42-44; Grabowsky, *Dusun-Timor,* p. 474. Recordemos que en la misma tribu el duelo por un adulto es de cuarenta y nueve días y que el féretro que contiene los restos del niño es exterior a la sepultura familiar. Cf. para los olo ngadju, Grabowsky, *Tiwah,* p. 180: «Es poco frecuente la celebración del *Tiwah* para los niños.» Los fjort entierran sin demora a los niños, lo mismo que a los pobres y a los esclavos; Dennett, *Notes on Folklore,* p. 22. Igualmente las leyes de Manou (*Sacred Books of the Fast,* XXV, p. 180) prescriben no quemar el cuerpo de un niño que no tenga más de dos años, sino enterrarlo inmediatamente sin recoger jamás las osamentas. «Se le deja en la selva como un trozo de madera y la impureza de los parientes no dura más de tres días.» Sin embargo, la cremación es facultativa si el niño tiene ya sus dientes. Este último rasgo recuerda al texto de Plinio (*His. nat.,* VII, 72); *hominem prius quam genito dente cremari mos gentium non est.* En el caso de los niños menores de dos años, los todas celebran las dos ceremonias, inicial y final, el mismo día. Rivers, *op. cit.,* p. 391.

y los papúes parece ser encerrar el cuerpo de los pequeños en el interior de un árbol o suspenderlo en sus ramas[329]. La noción que determina esta práctica se manifiesta claramente en los dayaks de Koetei, quienes creen que los hombres vienen de los árboles y allí deben volver. Asimismo, cuando una mujer bahau da a luz antes de tiempo, o durante su embarazo ha sido atormentada por malos sueños, puede rechazar al niño, devolviéndolo vivo al árbol que, de forma inquietante, abandonó antes de tiempo[330]. Evidentemente, tienen la esperanza explícitamente atestiguada por otros pueblos[331] de que el alma se reencarnará pronto de nuevo, quizá en el seno de la misma mujer, y hará su entrada en este mundo bajo auspicios más favorables. Por eso la muerte de los niños provoca una reacción social muy débil que se apaga casi inmediatamente. Todo ocurre como si en este caso no existiera conciencia colectiva de una muerte verdadera[332].

329. Cf. Schwaner, *Borneo,* II, p. 195; Perham, en Roth, I, p. 205; Goudswaard, *Papoewa's van de Geelvinksbaai,* p. 70; Van Balen, *Doodenfest,* pp. 560-561; V. Hasselt, *Nuforesen,* p. 198; Riedel, *Sluik- en kroesharige rassen,* p. 239.
330. Tromp, *Koetei,* p. 92; cf. sobre los tagalos de Filipinas, Careri, en Blumen, *Ahnencultus,* p. 165: «Se imaginan que las almas de sus ancestros viven en los árboles.»
331. Spencer y Gillen, *Northern Tribes,* p. 609: «Los indígenas creen que el alma del niño vuelve inmediatamente a su lugar de origen y podrá renacer muy próximamente, con toda probabilidad, en el seno de la misma mujer.» Así pues, el infanticidio no tiene consecuencias graves. Obsérvese el contraste con la creencia relativa al alma de los adultos; cf. *supra,* p. 115. Los algonquinos y los mongoles depositan a los niños de menos de siete años al borde de un camino frecuentado para que sus almas puedan reencarnarse fácilmente. Preuss, *Begräbnisarten,* pp. 216 y 257; cf. Owen, *op. cit.,* p. 23.
332. Los costarricenses no dicen de un niño pequeño que ha muerto, sino que se ha ido con los ángeles, siendo sus funerales una fiesta alegre, de donde están excluidas las lágrimas. Wagner y Scherzet, *Die Republik Costa-Rica,* p. 196; cf. Lumholtz, *Unknown Mexico,* I, pp. 448-449; lo mismo

Y en efecto, al no haber entrado aún los niños en la sociedad visible, no hay por qué excluirlos penosa y lentamente. Como en verdad no han sido separados del mundo de los espíritus, vuelven allí directamente[333], casi sin necesidad de poner en acción energías sagradas, sin que parezca necesario un período de penosa transición. La muerte de un recién nacido es, en última instancia, un fenómeno infrasocial. Al no haber puesto nada de ella en el niño, la sociedad no se siente concernida por su desaparición y permanece indiferente.

En diversas tribus australianas, los viejos que por su elevada edad se ven incapaces de figurar en las ceremonias totémicas y han perdido su aptitud para las funciones sagradas, son enterrados inmediatamente después de la muerte

entre los rumanos, Flachs, *Rumänische Todtengebräuche,* p. 46; entre los búlgaros, Strauzsz, *Die Bulgaren,* p. 452; para la creencia católica, el abad Désert, *Le livre mortuaire,* pp. 279 y 286; *«Deus qui omnibus parvulis..., dum migrant a saeculo, ...vitam tilico largiris aeternam».* La ausencia o extrema reducción del duelo normativo para los niños muertos por debajo de una determinada edad es un fenómeno muy general; en China no llevan luto más que por los muertos mayores de ocho años; de Groot, *Religious System of China,* p. 522 (cf. pp. 329 y 1075); entre los kayans no hay ningún duelo exterior para un niño que aún no haya recibido nombre (la ceremonia de la imposición tiene lugar un mes después del nacimiento); Nieuwenhuis, *op. cit.,* I, p. 44. Naturalmente, el dolor individual de los padres puede ser muy vivo, pero la reacción social, la obligación del duelo, no existe.

333. Una explicación análoga da cuenta de casos en que los hombresmedicina o los ascetas son tratados después de su muerte como niños. Los dayaks marítimos suspenden de los árboles el cuerpo de sus *manangs;* Perham, en Roth, I, p. 205. Igualmente, los ascetas hindúes son enterrados inmediatamente, «no tienen necesidad del sacramento de la cremación para ir al otro mundo»; Caland, *Altind. Totengebr.,* pp. 93-95. Por sus prácticas especiales se han excluido de por vida de la sociedad terrestre y pertenecen ya al mundo de los espíritus. Están, por decirlo así, dispensados de la muerte.

en lugar de ser expuestos, como los otros miembros de la tribu, sobre una plataforma hasta la completa desecación de los huesos[334]. Ocurre que, a consecuencia del debilitamiento de sus facultades, habían dejado de participar en la vida social; por lo tanto, su muerte no hace más que consagrar una exclusión consumada de hecho[335], a la que en realidad ya se estaba acostumbrado[336].

Finalmente, el tipo de muerte determina también numerosas excepciones en el ritual normal. Todos los que mueren de muerte violenta o por accidente, mujeres muertas en partos, ahogados, muertos repentinamente o suicidados, son frecuentemente objeto de ritos especiales. Su cadáver inspira el horror más intenso, se deshacen de él precipitadamen-

334. Spencer y Gillen, *Northern Tribes,* p. 402, n. 1, y pp. 506, 512 y 545. El entierro inmediato de los viejos, en contraste con el ritual normal de las dobles exequias, es como el de los papúes de las islas Aru; Ribbe, en *Festschr. d. Ver. f. Erdk. Dresden* (1888), pp. 191 y ss. La ausencia (o la reducción) del duelo es frecuente en el caso de los ancianos. Los sakalaves del Sur y los bechuanas dicen de un viejo que se ha «dormido» y sus exequias son motivo de alegría; Kürze, «Das Volk der Sud. Sakalawa», en *Mitteil. d. Geogr. Gesellsch. Iena,* VIII, p. 43; Arbousset y Daumas, *Voyage d'Exploration au Nord-Est de la Colonie du Cap,* p. 475; cf. Gomard, *Histoire Genérale des Indes occidentales* (1568), p. 45 (sobre los ribereños del río de las Palmas en Florida); Flachs, *op. cit.,* p. 62 (sobre los rumanos).
335. Por eso su muerte es considerada con frecuencia como «natural» y no implica intervención espiritual maligna; cf. V. Hasselt, *Die Nuforesen,* pp. 197-198; Kubary, *Die Religion der Pelauer,* pp. 3-5; MacDonald, en *Journ. Anthr. Inst.,* XIX, p. 273; Le Braz, *La légende de la mort* (2.ª ed.), I, p. XXII.
336. Igualmente entre los mollarois, las mujeres son enterradas inmediatamente y sin gran ceremonia, lo cual se explica fácilmente, puesto que en estas tribus las mujeres no tienen parte alguna en la vida religiosa; Howitt, *op. cit.,* p. 467. Por el contrario, los warramungas celebran los mismos ritos funerarios para hombres y mujeres. Los autores atribuyen ese hecho a la creencia existente en esa tribu de que el alma cambia de sexo en cada una de sus reencarnaciones; Spencer y Gillen, *Northern Tribes,* pp. 546 y 530.

te y sus huesos no se reunirán con los de los otros miembros del grupo muertos convenientemente[337], sino que sus
almas errarán para siempre sobre la tierra, inquietas y mal-
vadas[338], y si emigran a otro mundo será para vivir en un pueblo separado, a veces incluso en una región completamente
diferente de la que habitan las otras almas[339]. Todo parece

337. Grabowsky, *Tiwah,* p. 181; Roth, *Sarawah,* I, pp. 140 y ss.; Nieuwenhuis, *Quer durch Borneo,* I, pp. 91 y ss.; Forbes, *Wanderings,* p. 324; De
Clerck, en *Intern, Arch. Ethnog.,* II, p. 208; Standing, «Mal. Fady», en *Antanan. Ann.,* VII, p. 73; Kubary, «Die Verbrechen... auf den Pelau Inseln», en
Orig. Mitteil. a. d. Ethnol. Abt. d. königl, Mus. Berlin, I, 2, p. 78, y *Ethnographische Beiträge,* p. 126. Entre los bantúes del Sur está prohibido llorar a un
pariente muerto por el rayo, pues el duelo sería un acto de rebelión contra
el cielo que ha causado directamente la muerte; Arbousset y Daumas, *op.
cit.,* p. 446; MacDonald, en *Journ. Anthr. Inst.,* XIX, p. 295; Theal, *Records
of S.-E. Africa,* VII, p. 401. El cadáver de un guerrero escalpado no es más
que una «simple carroña» y jamás se le entierra; se supone que el alma está
aniquilada; Dodge, *Our Wild Indians,* pp. 101-102 y 159. Entre los pueblos
cristianos, como es sabido, la prohibición de enterrar a los suicidas en tierra bendita, en el cementerio común, está muy extendida; cf., por ejemplo,
sobre los irlandeses, Mooney, en *Amer. Phil. Soc.* (1888), pp. 287 y 288,
y sobre los búlgaros, Strausz, *op. cit.,* pp. 454 y ss. Señalemos el hecho característico de que, entre los unmatjeras y los kaitishes, al joven que ha
violado la ley tribal desposando a una mujer que era tabú para él nunca se
le expone sobre una plataforma, sino que se le entierra inmediatamente.
338. Wilken, *Animisme,* pp. 197 y ss.; Chalmers, en Roth, I, p. 167; Dodge, *op cit.,* p. 102: las almas de los que han muerto estrangulados permanecen siempre cerca del cadáver.
339. Roth, I, p. 219; Kruijt, *Een en anders,* p. 29 (los suicidas tienen su
aldea aparte). Para los inuits occidentales, las gentes que mueren de manera violenta van al cielo, donde viven en la luz y la abundancia; los otros
van al mundo subterráneo; Nelson, *Eskimo about Bering Strait,* p. 423. Los
antiguos aztecas consideraban que, tanto los hombres que morían en guerra, como todas las mujeres que morían de parto (estas se confundían con
aquellos), eran igualmente arrebatados por el sol e iban a vivir al cielo.
Tal muerte era gloriosa y no causaba a los parientes más que alegría. Los
ahogados y fulminados eran objeto de representaciones análogas. Sahagun, *Histoire... de la Nouvelle Espagne* (trad. de Jourdanet, pp. 346, 400 y
433 y ss.). Vemos que hay que cuidarse mucho de identificar a los muer-

indicar, al menos en los casos más típicos, que para las víctimas de esa maldición especial el período transitorio se prolonga indefinidamente y su muerte no tiene fin[340].

En casos de este tipo no es la debilidad de la emoción sentida por la colectividad, sino, al contrario, su extrema intensidad y brusquedad, lo que se opone al cumplimiento de los ritos funerarios regulares. Una analogía aclarará este fenómeno. El nacimiento desata, como hemos visto, al igual que la muerte, energías peligrosas que hacen que el niño y su madre estén por cierto tiempo aquejados de prohibición. En general, esas energías se disipan progresivamente, y la liberación del nacido es posible. Pero si el suceso se cumple de una forma especial, por ejemplo, si vienen gemelos al mundo, entonces «este nacimiento es una muerte» (siguiendo la instructiva expresión de los ba-rongas[341]), pues excluye de la vida regular a los que parecían destinados a ella, quedando afectados por un carácter sagrado tan fuerte que ningún rito podrá borrarlo, y sumergiendo a toda la comunidad en el terror y la consternación[342]. Asimismo, la forma siniestra en que algunos individuos son arrancados de este mundo,

tos de manera anómala con los condenados, pues de igual modo pueden ser considerados como elegidos. Ambas nociones coinciden en el fondo con lo que ellas implican: un apartamiento, una separación.

340. Recordemos que las almas de aquellos por los cuales no se ha celebrado el *Tiwah* quedarán «muertas» a perpetuidad.

341. Jnod, *op. cit.,* 412 y ss. «El cielo que produce el rayo y la muerte, preside también de una forma muy especial el nacimiento de los gemelos.»

342. Cf. , por ejemplo, Kingsley, *Travels in West Africa,* pp. 472 y ss.; el tratamiento infligido a la madre de los gemelos es idéntico al que tiene que sufrir la viuda: rasgan sus vestidos, se rompen sus cosas, la expulsan como a cosa impura y vive como un paria. Un gemelo que se haya librado de la muerte es un objeto horrible que ni siquiera su madre querría tocar. Es curioso observar que en tribus poco distantes entre sí los gemelos pueden ser tratados como seres abominables y ser abandonados a la muerte

los separa para siempre de sus próximos, de tal forma que su exclusión será irremediable, pues la última imagen del individuo, tal como la muerte lo ha dejado, es la que queda impresa con más fuerza en la memoria de los supervivientes, que al ser singular y cargada de una emoción especial nunca podrá ser enteramente abolida. También será inútil la espera para reunir al muerto con sus ancestros, pues al ser imposible la reunión, la espera no tiene sentido. La muerte durará siempre porque la sociedad conservará indefinidamente respecto de esos malditos la actitud de exclusión que tomó desde el principio.

La interpretación que proponemos permite comprender a la vez por qué, en una sociedad dada, se practican las dobles exequias, y por qué en otros casos no.

Resumamos en pocas palabras los resultados de nuestra investigación. Para la conciencia colectiva, la muerte en condiciones normales es una exclusión temporal del individuo de la comunión humana, que tiene como efecto hacerle pasar de la sociedad visible de los vivos a la sociedad invisible de los ancestros. El duelo es en origen la participación necesaria de los supervivientes en el estado mortuorio de su pariente, y dura tanto tiempo como ese mismo estado.

Un último análisis de la muerte como fenómeno social consiste en verla como un doble y penoso trabajo de desagregación y síntesis mentales, que solo una vez concluido permite a la sociedad, recobrada la paz, triunfar sobre la muerte.

o considerados casi divinos. Pero, en cualquier caso, siempre son colocados aparte.

La preeminencia de la mano derecha: estudio sobre la polaridad religiosa

¡Qué semejanza tan perfecta la de nuestras dos manos!, y, sin embargo, ¡qué desigualdad más irritante!

Para la mano derecha son los honores, los comentarios más lisonjeros, las prerrogativas. Ella actúa, ordena y «coge». Por el contrario, la mano izquierda es despreciada y reducida al papel de humilde auxiliar, sin que pueda hacer nada por sí misma, más que asistir, secundar y «sujetar».

La mano derecha es símbolo y modelo de todas las aristocracias; la mano izquierda, de todas las plebes.

Pero, ¿cuáles son los títulos de nobleza de la mano derecha?, y, ¿de dónde viene la servidumbre de la izquierda?

1. La asimetría orgánica

Toda jerarquía social se pretende fundada sobre la naturaleza de las cosas ρυσει, ον νομω, razón por la que se le atribuye vigencia eterna, escapando al devenir y a las disputas de los innovadores. Aristóteles justificaba la esclavitud por la superioridad étnica de los griegos sobre los bárbaros, y el hombre de nuestros días, turbado por las reivindicaciones feministas, alega la inferioridad «natural» de la mujer. Asimismo, según opinión general, la preeminencia de la mano derecha resultaría directamente de la estructura del organismo y no debería nada a las convenciones ni a las cambiantes creencias de los hombres. Pero, a pesar de las apariencias, cuando se trata de regular las atribuciones de las dos manos, el testimonio de la naturaleza ni es más claro que en los conflictos de razas o sexos ni más decisivo.

Pero no por ello han faltado tentativas para asignar al dextrismo una causa anatómica. De todas las hipótesis emitidas[1] solo una parece haber resistido la prueba de los hechos: la que vincula la preponderancia de la mano derecha en el hombre al mayor desarrollo del hemisferio cerebral izquierdo, que, como se sabe, enerva los músculos del lado opuesto. Lo mismo que el centro del lenguaje articulado se encuentra en esa pequeña parte del cerebro, los centros que presiden los movimientos voluntarios residirían ahí principalmente. Como decía Broca, «somos diestros de manos porque somos zurdos de cerebro». El privilegio de la mano derecha se hallaría así fundado sobre la estructura asimétrica de los centros nerviosos, cuya causa, cualquiera que sea, es evidentemente orgánica[2].

No cabe duda alguna sobre la correlación existente entre la preeminencia de la mano derecha y el desarrollo superior del cerebro izquierdo. Pero de estos dos fenómenos, ¿cuál es la causa y cuál el efecto? ¿Qué nos prohíbe invertir la proposición de Broca y decir: «Somos zurdos de cerebro por ser diestros de mano»?[3]. Es sabido que el ejercicio de un órgano implica una nutrición más abundante y, por consiguiente, un crecimiento de dicho órgano. Así, la mayor actividad de la mano derecha, que implica un trabajo más intenso de los centros nerviosos izquierdos, tiene necesariamente el efecto de favorecer su desarrollo[4]. Si hacemos abs-

1. Se encontrará una exposición y discusión de esto en sir Daniel Wilson, *Lefthandedness,* Londres, 1891, pp. 149 y ss.; Dr. J. Jacobs, *Onze Rechtshandigheid,* Ámsterdam, 1892, pp. 22 y ss.; J. Jackson, *Ambidexterity,* Londres, 1905, pp. 41 y ss.
2. Véase Wilson, pp. 183 y ss.; Baldwin, *Développement mental dans l'enfant et dans la race,* pp. 67 y ss.; Van Biervliet, «L'homme droit et l'homme gauche», en *Revue philosophique,* 1899, t. XLVII, pp. 276 y ss.
3. Jacobs, pp. 25 y ss.
4. Bastian y Brown-Sequard, en Wilson, pp. 193-194.

tracción de los efectos producidos por el ejercicio y los hábitos adquiridos, la superioridad fisiológica del hemisferio izquierdo se reduce a tan poca cosa que a lo más que se puede llegar es a determinar una ligera preferencia en favor del lado derecho.

La dificultad que se experimenta para asignar a la asimetría de las extremidades superiores una causa orgánica cierta y adecuada, unida al hecho de que los animales más cercanos al hombre son ambidextros[5], ha conducido a algunos autores a negar todo fundamento anatómico al privilegio de la mano derecha, sosteniendo que tal privilegio no sería inherente a la estructura del *genus homo,* sino que debería su origen exclusivamente a condiciones externas al organismo[6].

Esa negación radical es cuando menos temeraria. No cabe duda de que la causa orgánica de la «destreza» es dudosa e insuficiente, y que resulta difícil discernir las influencias que se ejercen desde fuera sobre el individuo para educarlo en ese sentido; pero esa no es razón para negar dogmáticamente la acción del factor físico.

Además, en ciertos casos en los que la influencia externa y la tendencia orgánica están en conflicto es posible afirmar que la desigual destreza de las manos tiene una causa anatómica. A pesar de la presión enérgica, a veces incluso cruel, que la sociedad ejerce desde la infancia sobre los zurdos, estos guardan toda su vida una preferencia instintiva por el uso de la mano izquierda[7]. Si estamos obligados a ver en ello la presencia de una disposición congénita a la asimetría, es

5. Rollet, «La taille des grands singes», en *Revue scientifique,* 1889, p. 198; Jackson, pp. 27 y ss., y 71.
6. Jacobs, pp. 30 y 33.
7. Wilson, pp. 140 y 142.

forzoso admitir que, inversamente, en cierto número de hombres el uso preponderante de la mano derecha resulta de la conformación de su cuerpo. La opinión más plausible puede ser expresada en una forma matemática no demasiado rigurosa: de cada cien hombres, al menos dos son, por naturaleza, zurdos y rebeldes a toda influencia contraria, mientras que una proporción sensiblemente mayor se compone de diestros hereditarios. Entre ambos extremos oscila la masa de hombres que, dejados a su impulso, podrían servirse más o menos igualmente de una u otra mano, con una ligera preferencia, en términos generales, a favor de la derecha[8]. Así pues, no es necesario negar la existencia de tendencias orgánicas hacia la asimetría, aunque salvo en casos excepcionales la vaga disposición a la destreza, que parece extendida en la especie humana, no bastaría para determinar la preponderancia absoluta de la mano derecha si influencias extrañas al organismo no vinieran a fijarla y reforzarla.

Pero aunque admitiéramos que por un don especial de la naturaleza la mano derecha se sobrepone siempre a la izquierda en sensibilidad táctil, fuerza y habilidad, quedaría aún por explicar por qué un privilegio institucional viene a reforzar ese privilegio natural, por qué la mano mejor dotada es la única entrenada y cultivada. ¿Acaso la razón no aconsejaría tratar de corregir, por educación, la falta de firmeza

8. Wilson, pp. 127-128; Jackson, pp. 52 y 97. Este autor estima en un 17 por 100 el número de diestros por naturaleza, aunque no explica cómo ha obtenido esa cifra; Van Biervliet (pp. 142 y 373) no admite la existencia de «auténticos ambidiestros». Según él, el 98 por 100 de los hombres serían diestros, aunque solo efectuó mediciones entre adultos. La palabra «ambidiestro» tiene para él un sentido mucho más restringido, donde lo que importa no son las dimensiones de los huesos o la fuerza de los músculos, sino la posible utilización de uno u otro miembro.

del miembro menos favorecido? Bien al contrario, la mano izquierda es comprimida, mantenida en la inactividad y metódicamente estorbada en su desarrollo. El doctor Jacobs nos cuenta que en el transcurso de sus giras de inspección médica por las Indias holandesas observó a menudo que los hijos de los indígenas tenían el brazo izquierdo completamente atado para aprender a «no utilizarlo»[9]. Nosotros hemos suprimido las ataduras materiales, pero nada más. Uno de los signos que distinguen al niño «bien educado» es la incapacidad de su mano izquierda para cualquier acción independiente.

¿Es que todo esfuerzo para desarrollar las aptitudes de la mano izquierda está condenado de antemano al fracaso? La experiencia demuestra lo contrario. En los pocos casos en que, por necesidades técnicas, la mano izquierda es convenientemente entrenada, rinde servicios más o menos equivalentes a los de la mano derecha; por ejemplo, en el piano, el violín, en cirugía. Si un accidente priva a un hombre de su mano derecha, la izquierda, al cabo de un tiempo, adquiere la fuerza y destreza que le faltaban. El ejemplo de los zurdos es aún más concluyente, pues aquí la educación combate, en vez de prolongar y acentuar, la tendencia instintiva a la «unidextria», dando como consecuencia que los zurdos sean generalmente ambidiestros y destaquen a menudo por su habilidad[10]. Con cuánta más razón no se lograría tal resultado en la mayoría de los hombres que no tienen una clara preferencia en uno u otro sentido, y cuya mano

9. Jacobs, p. 33.
10. Wilson, pp. 139 y ss., y 148-149, 203: el zurdo se beneficia de la destreza congénita de su mano izquierda y de la habilidad adquirida en su derecha.

izquierda solo pide ejercer. Los métodos de cultura bima-
nual que han sido aplicados desde hace algunos años, concretamente en escuelas inglesas y americanas, han dado ya
resultados concluyentes[11]. Nada se opone a que la mano izquierda reciba una educación artística y técnica parecida a
la que ha sido monopolio de la mano derecha hasta el momento.

No es la falta de firmeza o impotencia lo que lleva a la mano
izquierda a ser rechazada, sino todo lo contrario. Esa mano es
sometida a una verdadera mutilación que no por ejercerse
sobre la función, y no sobre el órgano, no por ser fisiológica, y no anatómica, es menos real. Los sentimientos que
inspira un zurdo en una sociedad ruda[12] son análogos a los
que inspira un no-circunciso en los países donde la circuncisión es ley. Es decir, que la «destreza» no es simplemente
aceptada o experimentada en forma de necesidad natural,
sino que constituye un ideal al que debe ajustarse cada uno
y hacia el que se nos impone un respeto social mediante sanciones positivas. El niño que se sirve activamente de su mano
izquierda es reñido, cuando no recibe un manotazo sobre
la mano temeraria. Asimismo, el hecho de ser zurdo es un
delito que atrae sobre el culpable el ridículo y una reproba-
ción social más o menos explícita.

11. Véase Jackson, pp. 195 y ss.; Lydon, *Ambidextrous drawing,* Londres,
1900; Orner Buyse, *Méthodes américaines d'éducation,* pp. 145 y ss. Hay en
Inglaterra, desde hace años, una «Ambidextral Culture Society».
12. Cf. (sobre los campesinos lombardos y toscanos) Lombroso, «Lefthandedness», en *North American Review,* 1903, p. 444. Lombroso cree haber
justificado científicamente el viejo prejuicio contra los zurdos.

2. La polaridad religiosa

La preponderancia de la mano derecha es obligatoria, impuesta por la fuerza, garantizada por sanciones, mientras que, por el contrario, sobre la mano izquierda pesa una verdadera prohibición que la paraliza. Las diferencias de valor y función que hay entre los dos lados de nuestro cuerpo presentan, pues, al más alto nivel las características de una institución social, y el estudio que quiera dar cuenta de ello habrá de insertarse en el ámbito de la sociología. Más concretamente, se tratará de volver a trazar la génesis de un imperativo mitad estético y mitad moral. Ahora bien, los grandes ideales que, secularizados, dominan aún hoy nuestra conducta han nacido y crecido bajo una forma mística o bajo el imperio de creencias y emociones religiosas. Así pues, debemos buscar en el estudio comparado de las representaciones colectivas la explicación del privilegio que goza la mano derecha[13].

13. La mayor parte de los hechos etnográficos en los que se apoya este estudio provienen de los maoríes o, más exactamente, de la muy primitiva

157

Una oposición fundamental domina el mundo espiritual de los primitivos: la de lo sagrado y lo profano[14]. Algunos seres u objetos en virtud de su naturaleza o de los ritos realizados, están como impregnados de una esencia particular que los consagra y aparta, comunicándoles poderes extraordinarios y sometiéndolos, por otra parte, a un conjunto de reglas y estrechas restricciones. Las cosas o personas privadas de esta cualidad mística no disponen de poder ni dignidad alguna, son comunes y libres, salvo, no obstante, en la prohibición absoluta de entrar en contacto con lo que es sagrado.

Todo acercamiento o confusión entre seres y cosas pertenecientes a clases opuestas sería nefasto para ambos; de ahí la multitud de prohibiciones y tabúes que, al separarlos, también los protegen.

La antítesis de lo sagrado y lo profano recibe un significado diferente según la posición que ocupa en el mundo religioso la conciencia que clasifica y evalúa a los seres. Las potencias sobrenaturales no son todas del mismo orden: unas ejercen en armonía con la naturaleza de las cosas y disfrutan de un carácter regular y augusto que inspira veneración y confianza; otras, por el contrario, violan y turban el or-

tribu de Tuhoe, cuyas representaciones han sido relatadas con admirable fidelidad por Elsdon Best en sus artículos de las *Transactions of the New-Zealand Institute* (en adelante *Tr. N.-Z. I.)* y del *Journal of the Polynesian Society* (en adelante *J. P. S.).*
14. Nuestra exposición de la polaridad religiosa solo pretende ser un rápido esquema. La mayor parte de las ideas contenidas aquí le serán familiares al lector que conozca los trabajos publicados en *L'Année Sociologique* por M. M. Durkheim, Hubert y Mauss. En cuanto a los puntos de vista novedosos que pueda contener esta exposición, volveremos sobre ellos para prestar sus desarrollos y las pruebas necesarias.

2. La polaridad religiosa

den universal y el respeto que imponen está hecho sobre todo de aversión y temor. Todas esas energías presentan el rasgo común de oponerse a lo profano, para quien todas son igualmente peligrosas y prohibidas. El contacto de un cadáver produce sobre el ser profano los mismos efectos que el sacrilegio. En ese sentido, Robertson Smith tuvo razón al decir que la noción de *tabú* oculta a la vez lo sagrado y lo impuro, lo divino y lo demoníaco. Pero la perspectiva del mundo religioso cambia si se afronta no desde el punto de vista de lo profano, sino desde el punto de vista de lo sagrado. A partir de ahí, la confusión que señalaba Smith ya no existe. El jefe polinesio, por ejemplo, sabe bien que la religiosidad de la que se encuentra investido el cadáver es radicalmente contraria a la que él lleva en sí mismo. Lo impuro se separa de lo sagrado para colocarse en el polo opuesto del mundo religioso. Por otra parte, lo profano ya no se define, bajo ese punto de vista, con caracteres puramente negativos, sino que aparece como el elemento antagonista que, por su solo contacto, degrada, disminuye y altera la esencia de las cosas sagradas. Es la nada, si se quiere, pero una nada activa y contagiosa, y la mala influencia que ejerce sobre los seres dotados de santidad solo difiere en intensidad de la que proviene de las potencias nefastas. Entre la privación de los poderes sagrados y la posesión de poderes siniestros, la transición es insensible[15]. Así, en la clasificación que, desde el origen y cada vez más, ha dominado la conciencia religiosa hay afinidad de naturaleza y casi equivalencia entre lo profano y lo impuro. Ambas nociones se combinan y for-

15. Encontraremos más adelante varios ejemplos de esta inevitable confusión. Véase lo dicho anteriormente sobre la clase inferior, la tierra, la mujer y el lado izquierdo.

man, por oposición a lo sagrado, el polo negativo del mundo espiritual.

El dualismo, esencial para el pensamiento de los primitivos, domina su organización social[16]. Las dos mitades o fratrías que constituyen la tribu se oponen recíprocamente como lo sagrado y lo profano. Todo lo que se encuentra en el interior de mi fratría es sagrado y me está prohibido; por eso no puedo comer mi tótem ni derramar la sangre de uno de los míos, y ni siquiera tocar su cadáver ni casarme en mi clan. Por el contrario, la mitad opuesta es, para mí, profana; a los clanes que la componen les corresponde proveerme de víveres, de mujeres y de víctimas humanas, enterrar mis muertos y preparar mis ceremonias sagradas[17]. Dado el carácter religioso del que se siente investida la comunidad primitiva, la vida social tiene como condición necesaria la existencia en la misma tribu de una fracción opuesta y complementaria que puede libremente asumir las funciones prohibidas a los miembros del primer grupo[18]. La evolución social reemplaza este dualismo reversible por una estructura jerárquica y rígida[19]. En lugar de los clanes, separados pero equivalen-

16. Sobre la dicotomía social, véase McGee, «Primitive numbers», 19th, *Ann. Rep. Bur. of Amer. Ethn.,* pp. 836 y ss., 845, y Durkheim y Mauss, «De quelques formes primitives de classification», en *Année sociologique,* t. VI, pp. 7 y ss.

17. Para este último punto, véase sobre todo Spencer y Gillen, *Northern Tribes of Central Australia,* p. 298.

18. Observemos que las dos mitades de la tribu suelen estar localizadas en el espacio tribal ocupando respectivamente la derecha y la izquierda (en el campo, en las ceremonias…, etc.). Cf. Durkheim y Mauss, pp. 52 y ss.; Spencer y Gillen, pp. 28 y 577.

19. Algo semejante existe ya en el estadio primitivo: las mujeres y los niños forman, con relación a los hombres adultos, una clase esencialmente profana.

tes, aparecen las clases o castas, de las cuales una, en la cumbre, es esencialmente sagrada, noble y abocada a obras superiores, mientras que la otra, en lo más bajo, es profana o inmunda y se dedica a trabajos viles. El principio que asigna a los hombres su rango y función sigue siendo el mismo: la polaridad social es siempre reflejo y consecuencia de la polaridad religiosa.

El universo entero se divide en dos mundos contrarios donde las cosas, los seres y los poderes se atraen o repelen, se implican o excluyen, según graviten hacia uno u otro de los dos polos.

En el principio sagrado residen los poderes que conservan y acrecientan la vida, dan la salud, la preeminencia social, el coraje en la guerra y la excelencia en el trabajo. Por el contrario, lo profano (en tanto que invade el mundo sagrado) y lo impuro son esencialmente debilitadores y letales, y de ambos provienen las influencias funestas que oprimen, aminoran y corrompen a los seres. Existe así, de una parte, el polo de la fuerza, del bien y la vida, y de otra, el polo de la debilidad, del mal y la muerte, o si se prefiere, en terminología más reciente, por un lado los dioses y por otro los demonios.

Todas las oposiciones que presenta la naturaleza muestran ese dualismo fundamental. Luz y tinieblas, día y noche, este y sur, por una parte, oeste y norte, por otra, traducen en imágenes y localizan en el espacio las dos clases contrarias de poderes sobrenaturales: por un lado, la vida resplandece y sube; por otra, desciende y se apaga. El mismo contraste se produce entre lo alto y lo bajo, entre el cielo y la tierra: allá arriba, la morada sagrada de los dioses y los astros que no conocen la muerte; aquí abajo, la región profana de los mortales que se traga la tierra, y descendiendo más aún, las regiones tenebrosas donde se esconden las serpientes y la muchedumbre de los demonios[20].

El pensamiento primitivo atribuye un sexo a todos los seres del universo, incluso a los objetos inanimados. Todos ellos se reparten en dos grandes clases según se les considere machos o hembras. Entre los maoríes, la expresión *tama tane,* «lado macho», designa las cosas más diversas: la virilidad del hombre, la descendencia por línea paterna, la fuerza que crea, la magia ofensiva, etc., mientras que la expresión opuesta, *tama wahine,* «lado hembra», vale para todos los contrarios[21]. Ahora bien, esta distinción, de alcance cósmico, encubre de hecho la antítesis religiosa primordial. En efecto, en términos generales el hombre es sagrado y la mujer profana. Excluida de las ceremonias del culto, la mujer no es admitida más que para una función acorde con ella: cuando hay que levantar un tabú, es decir, llevar adelante en las condiciones exigidas una verdadera profanación[22]. Pero si la mujer es en el orden religioso un ser impotente y pasivo, en el ámbito de la magia toma su revancha, estando particularmente dotada para las obras de brujería. «Del elemento hembra, dice un proverbio maorí, vienen todos los males, la miseria y la muerte». Así, los dos sexos corresponden a lo sagrado y a lo profano (o a lo impuro), a la vida y a la muerte. De ahí el abismo que les separa y la rigurosa división del tra-

20. Sobre la identidad del cielo con el elemento sagrado y de la tierra con el elemento profano o siniestro, cf. (para los maoríes) Tregear, *The Maori Race,* pp. 408, 466 y 486; Best, en *Tr. N.-Z. I.,* t. XXXVIII, pp. 150 y ss., 188, y en *J. P. S.,* t. XV, p. 155. Compárese la oposición griega de las divinidades celestes y ctónicas.

21. Véase, sobre todo, Best, en *J. P. S.,* t. XIV, pp. 206 y ss., y en *Tr. N.-Z. I.,* t. XXXIV, pp. 73 y ss.

22. Best, en *J. P. S.,* t. XV, p. 26.

bajo que reparte entre hombres y mujeres todas las ocupaciones de manera que no haya mezcla ni confusión posible[23].

Este dualismo, a la vez que moldea todo el pensamiento de los primitivos, influye también sobre su actividad religiosa, sobre el culto. En ninguna parte esta influencia es más patente que en la ceremonia del *tira* que con frecuencia aparece en el ritual de los maoríes y sirve a los fines más diversos. El sacerdote levanta, sobre un terreno sagrado, dos pequeños montículos de los que uno, el macho, está dedicado al cielo, y el otro, la hembra, a la tierra; sobre cada uno de ellos planta una varita: la primera, que lleva el nombre de «varita de la vida» y se encuentra en el este, es el emblema y el foco de la salud, de la fuerza y de la vida; la segunda, «la varita de la muerte», situada al oeste, es el emblema y el foco de los males. El detalle de los ritos varía según el objeto especial que se persiga, pero el tema fundamental es siempre el mismo: se trata, por una parte, de arrojar hacia el polo de la muerte todas las impurezas, todos los males que han penetrado en la comunidad y que la amenazan, y, por otra, de fijar, reforzar y atraer hacia la tribu las influencias bienhechoras que residen en el polo de la vida. Al término de la ceremonia, el sacerdote abate la varita de la tierra, dejando en pie la del cielo. Se trata del deseado triunfo de la vida sobre la muerte, que trae consigo la expulsión y abolición de los males, la salud de la comunidad y la ruina de los enemigos[24]. De esta forma, la actividad ritual se orienta según

23. Véase, para los maoríes, Colenso, en *Tr. N -Z. I.,* t. I, pp. 348 y ss., y Durkheim, «La prohibition de l'inceste», en *Année Sociologique,* I, pp. 40 y ss., y Crawley, *The Mystic Rose,* Londres, 1902.
24. Best, en *Tr. N.-Z. I,* t. XXXIV, p. 87, y en *J. P. S.,* t. XV, pp. 161-162; Tregear, pp. 330 y ss., 392, 515. Cf. Best, en *J. P. S.,* t. VII, p. 241.

dos polos opuestos que tienen una función esencial en el culto, correspondiente a las dos actitudes contrarias y complementarias de la vida religiosa.

¿Cómo podría el cuerpo del hombre, ese microcosmos, escapar a la ley de polaridad que rige todas las cosas? La sociedad, el universo entero tienen un lado sagrado, noble, precioso, y otro profano y común, un lado macho, fuerte y activo, y otro hembra, débil, pasivo o, en dos palabras, un lado derecho y un lado izquierdo. ¿Habría de ser el organismo humano lo único simétrico? Si lo pensamos bien, es imposible, pues tal excepción no sería solamente una inexplicable anomalía, sino que arruinaría toda la economía del mundo espiritual, pues al estar el hombre en el centro de la creación le corresponde manipular, para encauzarlas hacia lo mejor, las terribles fuerzas que hacen vivir o morir. ¿Resultaría, pues, concebible que todas estas cosas y poderes separados y contrarios, que se excluyen entre sí, se confundieran abominablemente en la mano de un sacerdote o de un artesano? Es una necesidad vital el que cada una de las manos «ignore lo que hace la otra»[25]. El precepto evangélico no hace más que aplicar a una circunstancia especial, esta ley de incompatibilidad de los contrarios vigente en todo el mundo religioso[26].

Si la asimetría orgánica no hubiera existido habría tenido que inventarse.

25. Mateo 6:3; para la prohibición recíproca, cf. Burckhardt, *Arabic Proverbs*, 2, p. 282.
26. M. McGee ha expuesto la estructura dualista del pensamiento primitivo con un punto de vista y una terminología muy distintos de los nuestros. Considera que la distinción entre derecha e izquierda está sobreañadida al sistema primitivo, donde únicamente sería pertinente la oposición delante/detrás. Esta afirmación nos parece arbitraria. Cf. *op. cit.,* pp. 843 y ss.

3. Los caracteres de la derecha y de la izquierda

El lenguaje refleja claramente los modos diferentes con que la conciencia colectiva encara y aprecia la derecha y la izquierda. Entre las palabras que designan los dos lados en las lenguas indoeuropeas existe un llamativo contraste: mientras que para «derecha» existe un término único, ampliamente difundido y de gran estabilidad[27], la idea de «izquierda» está expresada por varias denominaciones distintas, de pobre difusión, que parecen destinadas a desaparecer sin cesar ante vocablos nuevos[28]. Algunas de estas palabras son eufemismos

27. Se trata de la raíz *deks-* que se encuentra bajo formas diversas desde el indoiraní *dàksina* hasta el celta *dess* pasando por el lituano, el eslavo, el albanés, el germánico y el griego. Cf. Walde, *Lateinisches Etymologisches Wörter buch,* s.v. *dexter.*
28. Sobre estas denominaciones (skr. savyáh, gr. λαιος, gr. σκαιος, etc.), cf. Schräder, *Reallexikon,* s.v. *Rechts und Links;* Brugmann, «Lateinische Etymologien», en *Rheinisches Museum,* t. XLIII, 1888, pp. 399 y ss.

manifiestos[29], otras de origen muy oscuro. «Parece, según M. Meillet[30], como si, al hablar del lado izquierdo, se evitara pronunciar la palabra apropiada y se tendiera a reemplazarla por diversos vocablos constantemente renovados». La multiplicidad e inestabilidad de los términos que designan la izquierda, su carácter torcido y arbitrario, se explicaría por los sentimientos de aversión e inquietud que la comunidad siente respecto de dicha mano[31]. Al no poder cambiar la cosa, con la esperanza de eliminar o mitigar el mal, se cambia el nombre. Vano esfuerzo, pues hasta los nombres de feliz significado que por antífrasis se le aplican a la izquierda se contaminan enseguida por el objeto que expresan, contrayendo una cualidad «siniestra» que inmediatamente los hace objeto de prohibición. Así, la oposición entre la derecha y la izquierda se manifiesta hasta en la diferente naturaleza y destino de sus nombres.

El mismo contraste aparece, si consideramos el significado de las palabras «derecha» e «izquierda». La primera sirve

29. Gr. εὐώνυμος y αριστερος, zend *vairyastara-* (= mejor) v.h.a. *winistar* (de *wini*, ami), árabe *aisar* (= feliz, cf. Wellhausen, *Reste Arabischen Heidentums*, 2, p. 199), a los cuales habría que unir, según Brugmann, el latino *sinister*. Según Grimm (*Geschichte der deutschen Sprache*, 3, pp. 681 y ss., y 689), y más recientemente Brugmann (*loc. cit.*), la izquierda habría sido primitivamente, para los indoeuropeos, el lado favorable. Pero estos filólogos fueron engañados por los artificios del lenguaje destinados a enmascarar la verdadera naturaleza de la izquierda. En realidad podríamos hablar de antífrases.

30. En una carta que tuvo a bien enviarme M. Meillet, por la que le estoy muy agradecido, señalaba que esa explicación ya había sido apuntada por él en *Quelques hypothèses sur les interdictions de vocabulaire dans les langues indo-européennes,* pp. 18 y ss.

31. Igualmente, y por la misma razón, «los nombres de enfermedades y dolencias, como la cojera, ceguera y sordera, difieren de una lengua a otra»; Meillet, *loc. cit.*

para expresar ideas de fuerza física y «destreza», de «rectitud» intelectual y de buen sentido, de «equidad» y de integridad moral —de felicidad y belleza—, de norma jurídica, mientras que la palabra «izquierda» evoca la mayor parte de las ideas contrarias. Para poder aunar esta multiplicidad de sentido suponemos generalmente que la palabra «derecha» designó en primer lugar nuestra mejor mano y después «las cualidades de fuerza y habilidad que eran su patrimonio natural». Nada nos autoriza a afirmar que el antiguo nombre indoeuropeo de la derecha haya tenido primeramente un sentido exclusivamente físico, y en cuanto a los nombres de formación más reciente, como nuestra palabra «derecha»[32] o la armenia «adj»[33], antes de ser aplicados a uno de los lados del cuerpo, expresaron la idea de una fuerza que va directa a su objetivo, a través de vías normales y seguras, por oposición a lo tortuoso, oblicuo y fracasado. A decir verdad, en nuestras lenguas, productos de una civilización avanzada, los diversos sentidos de la palabra se presentan distintos y yuxtapuestos. Remontémonos por observación comparada hacia la fuente originaria de donde se han derivado esas significaciones fragmentarias; las veremos fundirse en su origen, unas con otras, en el seno de una noción que las envuelve a todas confusamente. Dicha noción ya ha sido hallada: para la derecha es la idea de poder sagrado, regular y bienhechor, principio de toda actividad eficaz, fuente de todo lo que es bueno, próspero y legítimo, y para la izquierda, la

---

32. Del bajo-latín *directum*; cf. Diez, *Etymologisches Wörterbuch der romanischen Sprachen, 5,* p. 272, s.v. *ritto.*
33. Agregar al skr. *sadhyá,* según Liden, «Armenische Studien», en *Göteborgs Högsk. Arskr.,* XII, pp. 75 y ss. M. Meillet, que nos remite a esta nota, considera la etimología como irreprochable y muy probable.

representación ambigua de lo profano y de lo impuro, de un ser débil e incapaz, pero también malhechor y temido. La fuerza (o la debilidad) física no es aquí más que un aspecto particular y derivado de una cualidad mucho más vaga y profunda.

Para los maoríes, la derecha es el lado sagrado, sede de los poderes buenos y creadores, y la izquierda el lado profano, que no posee virtud alguna, sino, como veremos más adelante, ciertos poderes turbios y sospechosos[34]. El mismo contraste reaparece, en el curso de la evolución religiosa, bajo formas más precisas y menos impersonales. La derecha es el lado de los dioses, sobre el que planea la figura de un ángel bueno tutelar, mientras el lado izquierdo está destinado a ser dominado por él[35]. Incluso hoy, cuando la mano derecha es aún designada como la mano buena, y la izquierda como la mala y villana[36], podemos discernir en esas locuciones pueriles el eco debilitado de las cualificaciones y emociones religiosas que durante largos siglos se han vinculado a los dos lados de nuestro cuerpo.

Entre los maoríes es corriente la noción de la derecha como «lado de la vida» (y la fuerza), mientras el lado izquierdo es «el lado de la muerte» (y la debilidad)[37]. Por la derecha y

34. Best, en *J. P. S.,* t. XI, p. 25, y t. XIII, p. 236.
35. Von Meyer, «Ueber den Ursprung von Rechts und Links», en *Verhandlungen der Berlin, Gesellsch. f. Anthrop.,* t. V, 1873, p. 26; cf. Gerhard, *Ueber die Gottheiten der Etrusker,* pp. 54 y ss.; Pott, *,Die quinare und vigesimale Zählmethode,* p. 260. Entre griegos y romanos, la derecha es invocada frecuentemente en las fórmulas de obsecración; cf. Horat, *Ep.* I, 7, 94 y ss.: «quod te per genium dextramque deosque penates obsecro et obtestor», véase Sittl., *Die Gebärden der Griechen und Römer,* p. 29, n. 5.
36. Cf. Grimm, *op. cit.,* p. 685.
37. Best, en *J. P. S.,* t. VII, pp. 123 y 133.

por el lado derecho es por donde nos entran las influencias favorables y vivificantes, y, a la inversa, es por la izquierda por donde penetran en el corazón de nuestro ser la muerte y la miseria[38]. Así pues, hay que reforzar con amuletos protectores el poder de resistencia del lado particularmente expuesto y sin defensa. De hecho, el anillo que llevamos en el cuarto dedo de la mano derecha tiene como primer objeto alejar de nosotros las tentaciones y otras cosas malas[39]. De ahí deriva la importancia capital, que en la adivinación tiene la distinción de los lados del cuerpo y del espacio. He sentido durante el sueño un temblor convulsivo, señal de que se ha apoderado de mí un espíritu, y según su presencia se haya manifestado en la derecha o en la izquierda puedo esperar la felicidad y la vida o el infortunio y la muerte[40]. La misma regla sirve, en general, para los presagios que consisten en la aparición de animales portadores del destino. Sin embargo, estos mensajes son susceptibles de dos interpretaciones contradictorias, según se tome como punto de partida el hombre que mira o el animal que viene a su en-

---

38. Darmesteter, *Zend-Avesta,* II, p. 129, n. 64.
39. La costumbre se remonta a la más alta Antigüedad (egipcia, griega y romana). El metal (hierro primero, oro después) está dotado de una virtud saludable que preserva de la fascinación, y los caracteres grabados sobre el anillo aumentan su poder. Los nombres dados al cuarto dedo izquierdo prueban su carácter y su función mágicas: es el dedo «sin nombre», «el médico», y, en galo, «el dedo del hechizo». Véase en el *Dictionnaire* de Daremberg y Saglio los artículos «Anulus» y «Amuletum»; Pott, pp. 284 y ss., y 295; Hofmann, «Ueber den Verlobungs- und den Trauring», en *Sitzgsb. d. Akad. d. Wissensch. Wien, Ph.- Hist. Cl.,* t. LXV, p. 850. Cf. sobre la palabra *scaevola* (de *scaevus,* izquierda), que significa hechizo protector, Valeton, «De modis auspicandi Romanorum», en *Mnemosyne,* t. XVII, p. 319.
40. Best, en *J. P. S.,* t. VII, pp. 130 y ss.; Tregear, pp. 211 y ss.

cuentro[41]. Si este aparece a la izquierda, presenta su derecha, pudiendo entonces ser considerado como favorable. Pero esas divergencias, cuidadosamente mantenidas por los augures para la confusión del vulgo y el acrecentamiento de su prestigio, no hacen más que poner en evidencia la afinidad que existe entre la derecha y la vida, entre la izquierda y la muerte.

Una concordancia no menos significativa une los lados del cuerpo a las regiones del espacio. La derecha representa lo alto, el mundo superior, el cielo, mientras que la izquierda sale del mundo inferior y de la tierra[42]. No es casual que en las representaciones del Juicio Final, la mano derecha levantada del Señor indique a los elegidos la sublime morada, mientras la mano izquierda, bajada, muestra a los condenados las fauces abiertas del infierno preparadas para tragarlos. Más estrecha aún y más constante es la relación que une la derecha al este o al sur, y la izquierda al oeste o al norte, hasta el extremo de que en muchas lenguas las mismas palabras designan los lados del cuerpo y los puntos cardinales[43]. El eje que divide al mundo en dos mitades, la una radiante y

41. O, lo que es lo mismo, el dios que envía el mensaje. Esta explicación, esbozada ya por los antiguos (Plut., *Qu. Rom.,* 78; Festus, 17, s.v. *sinistrae aves),* fue definitivamente probada por Valeton, *op. cit.,* pp. 287 y ss. Las mismas ambivalencias se presentan entre los árabes; cf. Well-Hausen, p. 202, y Doutté, *Magie et religión dans l'Afrique du Nord.,* p. 359.

42. Los giróvagos derviches mantienen la mano derecha levantada, con la palma hacia arriba, para recoger las bendiciones celestes, mientras que la izquierda, dirigida hacia la tierra, las transmite al mundo inferior; Simpson, *The Buddhist prayingwheel,* p. 138.

43. Véase Gill, *Myths and songs in the South Pacific,* pp. 128 y ss., y 297 y ss. El hebreo *jamin,* el sánscrito *dakshina,* el irlandés *dess,* designan a la vez la derecha y el sur; véase Schrader, s.v. *Himmelsgegenden.* Para los griegos, el este es la derecha del mundo, el oeste la izquierda; cf. Stobée, *Ecl.,* I, 15, 6.

la otra sombría, divide igualmente al organismo humano repartiéndolo entre el imperio de la luz y el de las tinieblas[44]. La derecha y la izquierda sobrepasan los límites de nuestro cuerpo para abrazar el universo.

Según una representación muy extendida, al menos en el ámbito indoeuropeo, la comunidad forma un círculo cerrado en cuyo centro se encuentra el altar, el arco santo, donde bajan los dioses y desde donde irradian las gracias. En el interior del recinto reinan el orden y la armonía, mientras que más allá se extiende la vasta noche, sin límite, sin ley, cargada de gérmenes impuros y atravesada por fuerzas caóticas. En la periferia del espacio sagrado, los fieles, con el hombro derecho girado hacia el interior, cumplen alrededor del fuego divino el circuito ritual[45]. Por una parte, pueden esperarlo todo, y por otra, temerlo todo. La derecha es el «adentro», lo perfecto, el bienestar y la paz asegurados; la izquierda es el «afuera», lo inacabado, lo hostil, la perpetua amenaza del mal.

Las anteriores equivalencias permitirían por sí solas presumir que el lado derecho y el elemento macho, el lado izquierdo y el elemento hembra, participan de una misma naturaleza, siendo abundante la información etnográfica que así lo testifica. Los maoríes aplican a los dos lados del cuerpo las expresiones de *tama tane* y *tama whahine* cuya extensión casi universal ya hemos constatado. El hombre es un

---

44. Por eso el sol es el ojo derecho de Horus y la luna su ojo izquierdo, lo mismo ocurre en Polinesia. Cf. Gill, p. 153. En las representaciones cristianas de la crucifixión, el sol luce sobre la región situada a la derecha de la cruz, donde triunfa la iglesia nueva, mientras que la luna ilumina el lado del mal ladrón y de la sinagoga caída, véase Mâle, *L'art religieux du XIII siècle en France,* pp. 224 y ss., y 229.

45. Véase Simpson, *op. cit.*

compuesto de las dos naturalezas, viril y femenina, siendo la primera atribuida al lado derecho y la segunda al lado izquierdo[46]. En la tribu australiana de los wulwangas, para marcar la cadencia durante las ceremonias, se sirven de una pareja de bastones de los cuales uno se llama «el hombre» y es tenido en la mano derecha, mientras que el otro, «la mujer», es sostenido con la izquierda, bien entendido que siempre es «el hombre» el que golpea y «la mujer» quien recibe los golpes, la derecha quien actúa, la izquierda quien padece[47]. Encontramos aquí íntimamente combinados el privilegio del sexo fuerte y el del lado fuerte. Obviamente, Dios tomó, para formar a Eva, una de las costillas izquierdas de Adán, pues una misma esencia caracteriza a la mujer y a la mitad izquierda del cuerpo. Se trata de las dos partes, de un ser débil y sin defensa, un poco turbio e inquietante, destinado, por su naturaleza, a un papel pasivo y receptivo, a una condición subordinada[48].

Así, la oposición de la derecha y la izquierda tiene el mismo sentido y alcance que esa serie de contrastes, diversos pero reductibles, que presenta el universo. Potencia sagrada, fuente de vida, verdad, belleza, virtud, sol naciente, sexo macho y, puedo añadir, lado derecho. Todos estos términos, al igual que sus contrarios, son intercambiables y designan, bajo aspectos múltiples, la misma categoría de cosas, una naturaleza común y una misma orientación hacia uno de los

---

46. Best, en *J. P. S.,* t. VII, p. 123, y t. IX, p. 25; Tregear, p. 506.
47. Fylmann, *Die Eingeborenen der Kolonie Süd-Australiens,* Berlín, 1909, p. 376. (Debo el conocimiento de este hecho a la amabilidad de M. Mauss.)
48. Un higienista contemporáneo formula ingenuamente la misma representación; véase Liersch, *Die linke Hand,* Berlín, 1893, p. 46.

dos polos del mundo místico[49]. ¿Acaso es creíble que una ligera diferencia de grado en la fuerza física de las dos manos baste para dar cuenta de una heterogeneidad tan contrastada y profunda?

49. La tabla de contrarios que, según los Pitagóricos, son equivalentes entre sí y constituyen el universo, comprende lo acabado y lo inacabado, lo impar y lo par, la derecha y la izquierda, el macho y la hembra, lo estable y lo móvil, lo recto (ξρΰυ) y lo curvo, la luz y las tinieblas, el bien y el mal, lo alto y lo bajo; véase Aristóteles, *Métaph.,* I, 3, y cf. Zeller, *Die Philosophie der Griechen,* 4, I, pp. 321 y ss. La concordancia con la tabla que acabamos de establecer es perfecta. Los pitagóricos simplemente definieron y dieron forma a representaciones populares muy antiguas.

4. Las funciones de las dos manos

Los diversos caracteres de la derecha y la izquierda determinan la diferencia de rango y función que existe entre ambas manos.

Sabemos que muchos pueblos primitivos, en particular los indios de América del Norte, son capaces de conversar entre ellos sin proferir una sola palabra, con ayuda de movimientos de la cabeza y los brazos. En ese lenguaje las dos manos son activas, cada una según su naturaleza. La mano derecha designa «el yo», la izquierda «el no yo», «los otros»[50]. Para evocar la idea de lo «alto», la mano derecha se coloca encima de la izquierda, que se mantiene horizontal e inmóvil, mientras que la idea de lo «bajo» se expresa situando «la mano inferior» por debajo de la derecha[51]. La mano derecha alzada significa bravura, potencia, virilidad; por el con-

50. Wilson, pp. 18-19.
51. Mallery, «Sign-language among the North-American Indians», en *Ann. Reports of the Bureau of Ethnology,* I, p. 364.

trario, la misma mano llevada hacia el lado izquierdo por debajo de la mano izquierda evoca, según los casos, las ideas de muerte, destrucción, enterramiento[52]. Estos significativos ejemplos bastan para mostrar que el contraste entre la derecha y la izquierda, y la posición relativa de ambas manos tienen una importancia fundamental en la constitución del «lenguaje por gestos».

Mas para la expresión de las ideas, las manos solo son accesorias, pues son, ante todo, instrumentos con los que el hombre actúa sobre los seres y las cosas que le rodean. Es, por tanto, en los diversos ámbitos de la actividad humana donde habrá que ver las manos en acción.

A través del culto el hombre busca, ante todo, comunicarse con las energías sagradas, a fin de alimentarlas, acrecentarlas y derivar hacia él los beneficios de su acción. Para esas relaciones saludables solo está verdaderamente cualificado el lado derecho, pues participa de la naturaleza de las cosas y los seres sobre los que deben actuar los ritos: los dioses están a nuestra derecha; por eso nos dirigimos a la derecha para rezar[53]; el pie derecho es el que se ha de utilizar para entrar en el lugar santo[54]; es la mano derecha la que presenta a los dioses la ofrenda sagrada[55], y ella también la que

<hr />

52. Mallery, pp. 414 y 416 y ss., y 420 y ss. Cf. Quintiliano, XI, 3, 113 y ss., en Sittl, p. 358 (sobre el gesto que expresa la abominación).
53. Véase Schrader, s.v. *Gruss.* Cf. El Bokhari, *Les traditions islamiques,* tr. Houdas y Marcais, I, p. 153.
54. El Bokhari, I, p. 157. A la inversa, se entra con el pie izquierdo en los lugares encantados por los *djinns* (Lane, *Modern Egyptians,* p. 308).
55. Cuando la mano izquierda interviene no hace más que seguir e imitar a la mano derecha: véase White, *Ancient History of the Maoris,* I, p. 197. Y aun así es vista con malos ojos; cf. Sittl, p. 51, n. 2, y pp. 88 y ss., y Simpson, p. 291.

recoge las gracias del cielo y las transmite en la bendición[56]. Para ayudar al buen efecto de una ceremonia, para bendecir o consagrar, los hindúes y los celtas dan tres veces la vuelta a una persona o un objeto, de izquierda a derecha, como hace el sol, presentando la derecha. Así derraman sobre el ser encerrado en el círculo sagrado la virtud santa y bienhechora que emana del lado derecho. El movimiento y la actitud contrarios serían, en circunstancias similares, sacrílegos y funestos[57].

Pero el culto no consiste solamente en la adoración confiada de los dioses amigos. El hombre quiere olvidar las potencias siniestras que pululan a su izquierda, aunque no pueda lograrlo, pues ellas saben imponer su atención con golpes mortales, amenazas que hay que eludir o exigencias que han de ser satisfechas. Toda una parte del culto, y no la menos importante, tiende a contener y apaciguar a los seres sobrenaturales malvados o irritados, a desterrar y a destruir las influencias perjudiciales, y en este ámbito es el lado izquierdo el que prevalece, pues todo lo demoníaco le afecta directamente[58]. En la ceremonia maorí descrita es la mano izquierda la que erige, y después derriba, la vara de la muerte[59]. Si hay que calmar las almas de los muertos o a los demonios ávidos con la ofrenda de un presente, la mano izquierda será

---

56. Véase Génesis: 48, 13 y ss.

57. Sobre el *pradakshina* y el *deasil,* véase Simpson, pp. 75 y ss., 90 y ss. y 183 y ss., y sobre todo la monografía de Caland, «Een Indogermaansch Lustratié-Gebruik», en *Versl. en Mededeel. d. Kon. Akad, v. Wetensch., Afd.* Letterk., IV, 2. Encontramos restos de esta observación en todo el ámbito indoeuropeo.

58. Véase Platón, *Leyes,* 4, 717, en; τοῖς χθονίοις θεοῖς... ἀριστερὰ νέμων ὀρθότατα τοῦ τῆς εὐσεβείας σκοποῦ τυγχάνοι cf. Sittl, pp. 188 y ss.

59. Gudgeon, en *J. P. S,* t. XIV, p. 125.

la indicada para ese contacto siniestro[60]. Por la puerta izquierda se expulsa a los pecadores de la Iglesia[61]. Y es dando la izquierda como, en los ritos funerarios y en los exorcismos, se cumple el ceremonial «al revés»[62].

¿Y acaso no sería justo utilizar en ocasiones los poderes destructores del lado izquierdo contra los espíritus malignos, que generalmente se sirven de ellos como instrumentos?

Al margen de la liturgia regular, abundan las prácticas mágicas en las que la mano izquierda tiene su tarea, pues destaca en la neutralización y anulación de las malas suertes[63], aunque sobre todo sirva para propagar la muerte[64]. «Cuando bebemos con un natural (de la costa de Guinea), debemos siempre vigilar su mano izquierda, pues el simple contacto del pulgar con la bebida bastaría para volverla mortal.» Cada indígena, dicen, tiene escondida bajo la uña de dicho pulgar una sustancia tóxica que tendría casi la «fulminante sutilidad del ácido prúsico»[65]. Ese veneno, obviamente ima-

60. Kruijt, *Het animisme in den Indischen Archipel,* pp. 259 y 380, n. 1.
61. Martene, *De antiquis Ecclesiae ritibus,* II, p. 82; cf. Middoth, en Simpton, pp. 142 y ss.
62. Véase Simpson y Caland, *loc. cit.,* y Jamieson, *Etymological Dictionary of the Scottish language,* 2, s.v. *widdersinnis.* Las brujas le presentan la izquierda al diablo para rendirle homenaje.
63. Best, en *J. P. S.,* t. XIII, pp. 76 y ss., 236, t. XIV, p. 3; *Id,* en *Tr. N.-Z. I,* t. XXXIV, p. 98; Goldie, en *Tr. N.-Z. I,* t. XXXVII, pp. 75 y ss.
64. Véase Kausika sûtra 47, 4, en Caland, «Altindisches Zauberritual», en *Verh. d. Kon. Ak. v. Wetens., afd. Letterk., N. R.,* III, 2; cf. *ibidem,* p. 184. La sangre extraída del lado izquierdo del cuerpo provoca la muerte; cf. Best, en *Tr. N.-Z. I,* t. XXX, p. 41. Por el contrario, la sangre del lado derecho hace vivir, regenera (las llagas de Cristo crucificado están siempre en su lado derecho).
65. Lartigue, «Rapport sur les comptoirs de Grand-Bassam et d'Assinie», en *Revue coloniale,* t. VII, 1851, p. 365.

ginario, simboliza a la perfección los poderes mortales que residen en la mano izquierda.

Como vemos, no se trata de fuerza o debilidad, destreza o torpeza, sino de funciones diversas e incompatibles, vinculadas a naturalezas contrarias. Aunque en el mundo de los dioses y los vivos la mano izquierda esté avergonzada y humillada, lo cierto es que posee un ámbito propio, del que está excluida la derecha y donde domina. Es este un ámbito tenebroso e infame; su potencia tiene siempre algo de oculto e ilegítimo, inspira terror y repulsión. Sus movimientos son sospechosos hasta el punto de hacernos desear que permanezca tranquila y discreta, escondida, a ser posible, entre los pliegues del vestido. De esa manera, su influencia corruptora no se expandirá al exterior. De la misma forma que las personas de luto, envueltas por la muerte, deben cubrirse con un velo, descuidar su cuerpo y dejar crecer los cabellos y las uñas, asimismo estaría fuera de lugar cuidar demasiado la mano nociva, cortándole las uñas o lavándola tanto como la otra[66]. Por eso la creencia en la profunda disparidad de las dos manos llega, en ocasiones, a producir una asimetría corporal, aparente y visible. Incluso si su aspecto no la traiciona, la mano del maleficio es siempre la mano maldita. Una mano izquierda demasiado bien dotada y demasiado ágil es signo de una naturaleza contraria al orden, de una disposición perversa y demoníaca. Todo zurdo es un brujo posible del cual se desconfía, con razón[67]. Por el con-

66. Lartigue, *loc. cit.;* Burckhardt, p. 186; von Meyer, pp. 26 y 28.
67. Por eso se representan como zurdos los seres reales o imaginarios a los que se cree dotados de poderes mágicos temibles: así, el oso entre los kamtchadales y los inuits; véase Erman, en *Verhandl. d. Berlin. Gesells. f. Anthr.,* 1873, p. 36, y J. Rae, en Wilson, p. 60.

trario, la preponderancia exclusiva de la derecha, la repugnancia a pedir algo a la izquierda, son la señal de un alma extraordinariamente inclinada hacia lo divino, cerrada a todo lo que es profano o impuro, tal como esos santos cristianos que, desde la cuna, llevaban la piedad al punto de rechazar el seno izquierdo de su madre[68]. He ahí por qué la selección social favorece a los «diestros» y la educación se empeña en paralizar la mano izquierda mientras desarrolla la derecha.

La vida en sociedad entraña una multitud de prácticas que, sin formar parte integral de la religión, están vinculadas a ella estrechamente. Si la unión de las manos derechas hace el matrimonio, si la mano derecha presta juramento, contrata, toma posesión, presta asistencia, es que en el lado derecho del hombre residen sus poderes, la autoridad que da peso y valor a sus gestos, la fuerza con la que ejerce su dominio sobre las cosas[69]. ¿Cómo podría la mano izquierda cumplir actos válidos y seguros estando desprovista de prestigio y de poder espiritual, puesto que no tiene fuerza más que para la destrucción y el mal? El matrimonio concluido con la mano izquierda es una unión clandestina e irregular de donde no saldrán más que bastardos. La mano izquierda es la mano del perjuro, de la traición y del fraude[70]. Al igual que el formalismo jurídico, las reglas de la etiqueta pro-

---

68. Usener, *Gotternamen,* pp. 190-191. Los pitagóricos, cuando cruzaban las piernas, tenían cuidado de no poner jamás la izquierda encima de la derecha; Plutarco, *De vit. pud.,* 8. Cf. El Bokhari, I, pp. 75 y ss.

69. Sobre la *manus romana,* cf. Daremberg y Saglio, s.v. *manus,* y Sittl, pp. 129 y ss., y 135 y ss. Los romanos dedicaban la derecha a la buena fe; en árabe el juramento lleva el nombre de *jamin,* la derecha (Wellhausen, p. 186).

70. En persa, «dar la izquierda» quiere decir «traicionar» (Pictet, III, p. 227). Cf. Plauto, *Persa,* II, 2, 44: *furtifica laeva.*

ceden directamente del culto, los gestos con los que adoramos a los dioses sirven para expresar sentimientos de respeto y afectuosa estima que sentimos los unos por los otros[71]. Ofrecemos en el saludo y la amistad lo mejor que tenemos: nuestra derecha[72]. El rey lleva en el lado derecho los emblemas de su soberanía, y coloca a su derecha a los que él juzga más dignos de recoger, sin mancillar, los preciosos efluvios de su flanco derecho. Debido a que la derecha y la izquierda tienen realmente un valor y una dignidad diferentes, es muy importante la atribución de la una o la otra a nuestros huéspedes, según el grado que ocupen en la jerarquía social[73]. Todos estos usos, que parecen hoy en día puras convenciones, se esclarecen y toman sentido si son referidos a las creencias que les dieron nacimiento.

Descendamos más aún en lo profano. En muchos pueblos primitivos, las gentes, mientras permanecen en estado de impureza, durante el duelo, por ejemplo, no pueden servirse de sus manos, en concreto para comer, sino que han de ser alimentados como las aves o tomar los alimentos con la boca, como los perros, pues si los tocaran con sus manos manchadas tragarían su propia muerte[74]. En ese caso, una especie de enfermedad mística alcanza a la vez a las dos manos y las paraliza por un tiempo. Es una prohibición del mismo orden que la que pesa sobre la mano izquierda, aunque, como atañe a la esencia misma de esa mano, la parálisis es permanente. Por ello es muy frecuente que solo la mano de-

71. Véase Schrader, s.v. *Gruss,* y Caland, *Een ... Lustratiegëbruik,* pp. 314-315.
72. Cf. Sittl, pp. 27 y ss., 31, 310 y ss. (δεξιυσθαι, dextrae).
73. Sobre la importancia de la derecha y de la izquierda en la iconografía cristiana véase Didron, *Histoire de Dieu,* p. 186, y Male, pp. 19 y ss.
74. Cf. (para los maories) Best, en *Tr. N.-Z. L,* t. XXXVIII, pp. 199 y 221.

recha intervenga activamente durante la comida. En las tribus del bajo Níger está prohibido a las mujeres servirse de la mano izquierda incluso cuando cocinan, bajo pena evidentemente de ser acusadas de tentativa de envenenamiento y maleficio[75]. Por el contrario, al igual que los parias, sobre los que se descargan todas las tareas impuras, la mano izquierda tiene que ocuparse ella sola de las necesidades inmundas[76]. Aunque nos encontremos lejos del santuario, el imperio de las representaciones religiosas es tan poderoso que se hace sentir en el comedor, en la cocina e incluso en esos lugares frecuentados por los demonios, que nadie se atreve a nombrar.

Sin embargo, parece haber una clase de actividad que escapa a las influencias místicas. Me refiero a las artes y a la industria, donde los diferentes papeles de la derecha y de la izquierda se deberían enteramente a causas físicas y utilitarias. Tal concepción desconoce el carácter de las técnicas antiguas, impregnadas de religiosidad y dominadas por el misterio. ¡Qué hay más sagrado, por ejemplo, para los primitivos, que la guerra o la caza! Esta implica la posesión de poderes especiales y un estado de santidad difícil de adquirir y aún más costoso de preservar. El arma misma es cosa sagrada, dotada de una potencia que, por sí misma, hace eficaces los golpes asestados al enemigo. ¡Desgraciado el gue-

75. Leonard, *The Lower Niger and its Tribes,* p. 310. Una mujer tampoco debe tocar el rostro de su marido con la mano izquierda.
76. Sobre el empleo exclusivo de la mano izquierda para la purificación de las aperturas del cuerpo situadas «encima del ombligo», véase Lartigue, *loc. cit.;* Roth, «Notes on the Jekris», en *Journ. of the Anthrop. Inst.,* t. XXVIII, p. 122; Spieth, *Die Ewhe-Stämme,* I, p. 235; Jacobs, p. 21 (sobre los malayos); *Lois de Manou,* V, 132, 136; El Bokhâri, I, pp. 69 y 71; Lane, p. 187.

rrero que profana su lanza o su espada y disipa su virtud! ¿Será posible confiar a la mano izquierda un depósito tan precioso? Sin duda constituiría un sacrilegio monstruoso. Lo mismo sucedería si se permite a una mujer penetrar en el campo de batalla, es decir, condenarlos a la derrota y a la muerte. Es el lado derecho del hombre el que está consagrado al dios de la guerra; es el «mana» del hombro derecho el que conduce la lanza hacia el objetivo fijado; es, pues, solo la mano derecha la que habrá de llevar y manejar el arma[77]. Sin embargo, la mano izquierda no se quedará paralizada, sino que atenderá a ciertas necesidades de la vida profana que ni siquiera una consagración intensa ha podido interrumpir y que la mano derecha, estrictamente destinada a la acción guerrera, debe ignorar[78]. Durante el combate, aunque no participe en la acción, podrá parar los golpes del adversario, siendo la defensa tan acorde con su naturaleza, que será la mano del escudo.

Muchas veces se ha intentado ver en el diferente papel de las dos manos en el combate (que vendría dado por la estructura del organismo o por una especie de instinto) el origen de las representaciones sobre la derecha y la izquierda[79]. Esta hipótesis, refutada por argumentos concluyentes[80], toma por

77. Best, en *J. P. S.,* t. XI, p. 25, y Tregear, pp. 332 y ss.
78. Tregear, *loc. cit.*
79. Por ejemplo, Carlyle, citado por Wilson, p. 15; también F. H. Cushing, «Manual concepts», en *American Anthropologist,* t. V, 1892, p. 290.
80. Se encontrará una exposición de esto en Jackson, pp. 51 y 54. Pero se le ha escapado el argumento más serio. Es muy probable, como lo han demostrado Deniker, *Races et peuples de la terre,* pp. 316 y ss., y Schurtz, *Urgeschichte der Kultur,* pp. 352 y ss., que el escudo provenga del garrote de parar golpes, cuyo manejo suponía una gran destreza. Más aún, no faltan pueblos que ignoran el uso del escudo, como es el caso de los maoríes (Percy Smith, en *J. P. S.,* t. I, p. 43, y Tregear, p. 316), donde, sin embargo,

causa lo que es un efecto, aunque no deja de ser cierto que las funciones guerreras de las dos manos han podido, a veces, contribuir de rebote a determinar su carácter y sus relaciones. Imaginemos un pueblo agricultor que prefiere los trabajos pacíficos al pillaje y la conquista, y que no recurra a las armas más que para defenderse. La «mano del escudo» subirá tanto en la estima colectiva como la «mano de la lanza» pierda de su prestigio. Ese es, notablemente, el caso de los zuñis, que personifican los lados izquierdo y derecho del cuerpo en dos dioses hermanos. El primero, el mayor, es reflexivo, sabio y de buen consejo; el segundo es impetuoso, impulsivo, hecho para la acción[81]. Por muy interesante que sea este desarrollo secundario que modifica sensiblemente la fisonomía de los dos lados, no debe hacernos olvidar la significación, religiosa en principio, del contraste entre la derecha y la izquierda.

Lo que es cierto para el arte militar vale también para otras técnicas; así, un documento inestimable sobre los maoríes nos da cuenta del porqué de la preponderancia de la derecha en la industria humana. Se trata de la iniciación de una joven en el oficio del telar, grave asunto envuelto en misterio y lleno de peligros. La aprendiza está sentada en presencia del maestro, artesano y sacerdote, ante dos postes esculpidos, puestos en tierra, que forman un telar rudimentario. En el poste derecho residen las virtudes sagradas que cons-

la distinción entre derecha e izquierda se encuentra especialmente pronunciada.

81. Véase Cushing, *op. cit.,* pp. 290-291, y «Zuñí fetiches», en *Ann. Rep. of the Bur. of Ethn.,* II, pp. 13 y ss. Cf. un pasaje curioso del Hermes Trimegisto en Stobée, *Ecl.,* I, p. 59, y Brinton, «Lefthandedness in North-American aboriginal Art,» en *American Anthropologist,* 1896, pp. 176-177 (sobre los chinos).

tituyen el arte del tejedor y proporcionan ayuda eficaz en su trabajo, mientras que el poste de la izquierda es profano y vacío de todo poder. Cuando el sacerdote recita sus encantamientos, la aprendiza muerde el poste derecho para absorber su esencia y consagrarse a su vocación. Quede bien entendido que solo la mano derecha entra en contacto con el poste sagrado, cuya profanación sería funesta para la iniciada, y la misma mano conduce transversalmente de izquierda a derecha el hilo, también sagrado. En cuanto a la mano profana, solo coopera humildemente y de lejos, a la obra augusta que se lleva a cabo[82]. Sin duda, esa división del trabajo se relaja cuando se trata de industrias más groseras y profanas. Pero no es menos cierto que, por regla general, las técnicas consisten en poner en movimiento, por una manipulación delicada, fuerzas místicas y peligrosas. La mano sagrada y eficiente puede, por sí sola, asumir una iniciativa arriesgada allí donde la mano nefasta, de intervenir activamente, no haría más que agotar la fuente del éxito y viciar la obra iniciada[83].

Así, de un extremo a otro de la humanidad, en todas partes una ley inmutable regula las atribuciones de las dos manos: tanto en los lugares sagrados, donde el fiel encuentra a su dios, como en los lugares malditos, donde se anudan los pactos diabólicos; sobre el trono, como sobre el estrado de los testigos; en el campo de batalla, como en el apacible

82. De la misma forma que no puede ser tocado por la mano izquierda, el poste sagrado no debe ser sorprendido, mientras esté levantado, ni por la noche ni por un extraño (profano). Véase Best, en *Tr. N.-Z. I.,* t. XXXI, pp. 627 y ss., 656 y ss., y Tregear (que le sigue), pp. 225 y ss.
83. La cuerda que lleva el brahmán debe estar tejida al derecho, es decir, de izquierda a derecha; trenzada al revés, estaría consagrada a los Padres y no podría servir para un vivo; véase Simpson, p. 93.

taller del tejedor. Así como lo profano no puede mezclarse con lo sagrado, la izquierda no debe invadir la derecha. Un predominio de la actividad de la mano nociva sería ilegítimo o excepcional, pues no quedaría nada del hombre ni de la totalidad, si lo profano pudiera prevalecer alguna vez sobre lo sagrado, y la muerte sobre la vida. La supremacía de la mano derecha es, a la vez, efecto y condición necesarios del orden que rige y conserva la buena creación.

5. Conclusión

El análisis de los caracteres y de las funciones atribuidas a la derecha y a la izquierda ha confirmado la tesis que la deducción nos había hecho entrever. La diferenciación obligatoria de los lados del cuerpo es un caso particular y una consecuencia del dualismo inherente al pensamiento primitivo. Pero las necesidades religiosas, que hacen inevitable la preponderancia de una de las dos manos, no determinan cuál será la mano privilegiada. ¿De dónde viene que el lado sagrado esté invariablemente a la derecha, y el lado profano a la izquierda?

Según algunos autores, la diferenciación entre derecha e izquierda se explicaría enteramente por las leyes de la orientación religiosa y del culto solar. La posición del hombre en el espacio no es indiferente ni arbitraria. El fiel en sus oraciones y sus ceremonias mira naturalmente hacia la región del levante, fuente de toda vida. La mayor parte de los edificios sagrados, en las diversas religiones, están vueltos hacia el este. Dada esta orientación, las propias partes del cuerpo se reparten entre los puntos cardinales: el oeste se encuentra detrás, el sur a la derecha y el norte a la izquierda. Desde ahora los caracteres de las regiones celestes se reflejan sobre el cuerpo humano. El pleno sol del mediodía ilumina nuestro lado derecho, mientras que la siniestra sombra del norte se proyecta sobre nuestra izquierda. El espectáculo de la naturaleza, el contraste del día y de las tinieblas, del calor y del frío, habrían enseñado al hombre a reconocer y a oponer su derecha y su izquierda[84].

Percibimos en esta explicación la influencia de concepciones naturistas hoy día superadas. El mundo exterior, con sus luces y sus sombras, enriquece y precisa las nociones religiosas salidas del fondo de la conciencia colectiva, pero no las crea. No obstante, estaría bien formular la misma hipótesis en un lenguaje más justo y restringir su alcance al punto que nos ocupa, aunque aún tropezáramos con hechos contrarios de influencia decisiva[85]. En realidad nada permite afirmar que las determinaciones que tienen por objeto el espacio sean anteriores a las que tienen por materia el cuerpo del hombre. Unas y otras tienen la misma procedencia: la oposición de lo sagrado y lo profano. En consecuencia, a

84. Véase von Meyer, pp. 27 y ss., y Jacobs, pp. 33 y ss.
85. 1.° El sistema de orientación que postula esta teoría, aunque goce de una gran generalidad y sea probablemente primitivo, está lejos de ser universal; cf. Nissen, *Orientation* (Berlín, 1907). 2.° Las regiones celestes no están uniformemente cualificadas; por ejemplo, el norte es para los hindúes y los romanos la *regio fausta* que habitan los dioses, mientras que el sur pertenece a los muertos. 3.° Si las representaciones solares jugaban el rol que se les atribuye, la derecha y la izquierda deberían estar invertidas en los pueblos que ocupan el hemisferio austral. Sin embargo, la derecha de los australianos y de los maoríes coincide con nuestra derecha.

menudo ambas concuerdan y se justifican mutuamente aunque, con todo, sigan siendo independientes. Nos resulta pues, forzoso, buscar en la estructura del organismo la línea divisoria que dirige hacia el lado derecho el curso bienhechor de las gracias sobrenaturales.

Que no se vea una contradicción o una concesión en este recurso final a la anatomía. Una cosa es explicar la naturaleza y el origen de una fuerza y otra determinar el punto en el que esta se aplica. Las ligeras ventajas fisiológicas que posee la mano derecha no son más que la proyección de una diferenciación cualitativa cuya causa yace más allá del individuo, en la constitución de la conciencia colectiva. Una asimetría corporal casi insignificante basta para dirigir, en un sentido u otro, representaciones contrarias ya muy formadas. Después, gracias a la plasticidad del organismo, la coacción social[86] añade e incorpora a los dos miembros opuestos esas cualidades de fuerza y debilidad, de destreza y torpeza que en el adulto parecen desprenderse espontáneamente de la naturaleza[87].

Se ha visto a veces en el desarrollo exclusivo de la mano derecha un atributo característico del hombre y un signo de su preeminencia moral. Esto es cierto en un sentido. De he-

---

86. Esta presión se ejerce, no solamente en la educación propiamente dicha, sino también en los juegos, las danzas y los trabajos, que tienen, entre los primitivos, un carácter intensamente colectivo y rítmico; cf. Bücher, *Arbeit und Rythmus*.

87. Podría ser incluso que la presión y la selección sociales hubieran modificado a la larga el tipo humano de haberse probado que la proporción de zurdos había sido más fuerte entre los primitivos que entre los civilizados, pero los testimonios sobre este punto son vagos y de escaso alcance; cf. Colenso, en *Tr. N.-Z. I.*, I, p. 343; Wilson, pp. 66 y ss., y sobre los hombres de la Edad de Piedra, Wilson, pp. 31 y ss., y Brinton, pp. 175 y ss.

cho, durante muchos siglos la parálisis sistemática del brazo izquierdo ha expresado, como otras mutilaciones, la voluntad que animaba al hombre de hacer prevalecer lo sagrado sobre lo profano, de sacrificar los deseos y el interés del individuo a las exigencias de la convivencia colectiva y de espiritualizar su propio cuerpo inscribiendo en él las oposiciones de valores y los contrastes violentos del mundo moral, ya que, por el hecho de ser un ser doble —*Homo duplex*— posee una derecha y una izquierda profundamente diferenciadas.

No es este el lugar para buscar la causa y significación de esta polaridad que domina la vida religiosa y se impone al organismo mismo. Ahí queda una de las cuestiones más graves que han de ser resueltas por la ciencia de la religión y la sociología en general, ya que nosotros solo podríamos abordarla sesgadamente. Quizá hayamos aportado a esta investigación algunos elementos nuevos, pero, en todo caso, no carece de interés ver un problema particular reducido a otro mucho más general.

Tal como ha sido señalado por los filósofos[88], la distinción de lo derecho y lo izquierdo es una de las piezas esenciales de nuestra armadura intelectual. A partir de ahora será imposible explicar el sentido y la génesis de esta distinción sin tomar partido, al menos implícitamente, por una u otra de las doctrinas tradicionales sobre el origen del conocimiento.

¡Qué disputas en otros tiempos entre los partidarios del innatismo y los de la experiencia! ¡Qué hermoso choque de argumentos dialécticos! La aplicación a los problemas humanos de un método experimental y sociológico pone término

---

88. En particular, Hamelin, *Essai sur les élements principaux de la représentation,* p. 76.

a ese conflicto de aserciones dogmáticas y contradictorias. Los innatistas tienen el pleito ganado. Las representaciones, intelectuales y morales, de lo derecho y lo izquierdo, son verdaderas categorías, anteriores a toda experiencia individual, puesto que están ligadas a la propia estructura del pensamiento social. Pero los empiristas también tenían razón, pues no se trata de instintos inmutables ni de datos metafísicos y absolutos, ya que tales categorías no son trascendentales más que en relación con el individuo. Colocadas en su lugar de origen, que es la conciencia colectiva, aparecen como hechos naturales, sometidos al devenir y dependientes de condiciones complejas.

Si, tal como parece, las atribuciones diversas de las dos manos, la destreza de la una y la torpeza de la otra, son, en gran parte, obra de la voluntad de los hombres, el sueño de una humanidad dotada de dos «manos derechas» no tiene nada de quimérico. Pero del hecho de que el ambidextrismo sea posible no se deduce que sea deseable. Las causas sociales que han llevado a la diferenciación de las dos manos podrían ser permanentes. Sin embargo, la evolución que se produce ante nuestros ojos apenas justifica tal concepción. La tendencia a nivelar los valores de las dos manos no es, en nuestra civilización, un hecho aislado o anormal. Las antiguas representaciones religiosas, que ponían entre las cosas y los seres distancias infranqueables y que, en particular, fundaban la preponderancia exclusiva de la mano derecha, están hoy en plena regresión. Aun suponiendo que haya para el hombre serias ventajas físicas y técnicas en permitir a la mano izquierda alcanzar, al menos, su pleno desarrollo, la estética y la moral no sufrirán por esta revolución. La distinción del bien y del mal, que fue durante mucho tiempo solidaria de la antítesis de lo derecho y lo izquierdo, no se desvanecerá de nuestras conciencias el día en que la segunda mano aporte un concurso más eficaz a la obra humana y pueda suplir, en ocasiones, a la mano derecha. Si durante siglos la presión de un ideal místico ha podido hacer del hombre un ser unilateral y fisiológicamente mutilado, una colectividad liberada y previsora se esforzará en dar mayor relieve al valor de las energías que duermen en nuestro lado izquierdo y en nuestro hemisferio derecho, y en asegurar, mediante una cultura conveniente, un desarrollo más armonioso del organismo.

Bibliografía

Siglas bibliográficas utilizadas

AA	*American Anthropologist.* Menasha.
ARB(A)E	*Annual Report, Bureau of (American) Ethnology.* Washington.
J (R) AI	*Journal of the (Royal) Anthropological Institute.* Londres.
JPS	*Journal of the Polynesian Society.* Wellington.
TITLV	*Tijdschrift voor Indische Taal-, Land- en Volkenkunde.* Batavia.
TNI	*Tijdschrift voor Nederlandsch-Indië.* Zaltbommel-La Haya.
TPNZI	*Transactions and Proceedings of the New Zeeland Institute.* Wellington.

La representación colectiva de la muerte

ADAIR, James (1775). *History of the American Indians.* Londres.

ADRIANI, Nicolaus y Kruyt, Albert Christian (1899). «Van Posso naar Todjo». *Mededeelingen van wege het Nederlandsche Zende-linggenootschap,* 43: 1-100. Rotterdam.

ARBOUSSET, Thomas (1842). *Relation d'un voyage d'exploration au Nord-Est de la colonie du Cap de Bonne-Espérance.* París.

BAARDA, Marie Johannes van (1883). «Ein Totenfest auf Halma-heira». *Ausland,* 65: 903-5. Múnich.

BAESSLER, Arthur (1895). *Südsee Bilder.* Berlín.

BALEN, Johan Andris van (1886). «Iets over het dodenfeest bij de Papoewas van de Geelvinkbaai...». *TITLV,* 31: 556-93. Batavia.

BATCHELOR, John (1892). *The Ainu of Japan.* Londres. (1901). *The Ainu and Their Folk-lore.* Londres. (1877). «Notes on the Antankarana and their country». *Antananarivo Annual* 1, (3): 27-31. Antananarivo, Madagascar.

BAUMANN, Oscar (1891). *Usambara und seine Nachbar gebiete.* Berlín.

BIET, Antoine (1664). *Voyage de la France équinoxiale en l'isle de Cayenne.* París.

BLUMENTRITT, Ferdinand (1882). «Der Ahnencultus und die Religiösen Anschauugen der Malaien des Philippinen-Ar-chipels». *Mitteilungen der Kaiserlichen und Königlichen Geo-graphischen Gesellschaft in Wien,* 25: 149-80, 197-207.

BOAS, Franz (1887). «Notes on the ethnology of British Columbia». *Proceedings Aerican Philosophical Society,* 24: 422-8. Filadelfia.

BOCK, Carl (1881). *The Head-hunters of Borneo.* Londres.

BOSMAN, Guillaume [Willem] (1705). *Voyage de Guinée.* Utrecht.

BOVALLIUS, C. (1887). «Resa i Central Amerika». Uppsala [re-view by L. Serrurier en *Internationales Archiw für Ethnogra-phie,* 2, 1889: 76-8].

BOYLE, David (1889). «The Land of Souls». *Annual Report Canadian Institute:* 4-20. Toronto.

BRACHES (1882). «Sandong Raung». *Jahresberichte der Rheinischen Mission.*

BRASSEUR de Bourbourg, Etienne-Charles (1861). *Popol-Vuh.* París.

BRÉBEUF, Jean de (1637). *Relation de ce qui s'est passé dans la Nouvelle-France en l'année 1635.* París.

BRINTON, Daniel Garrison (1868). *Myths of the New World.* Nueva York.

BÜHLER, George (trad.) (1886). *The Laws of Manu (Sacred Books of the East, 25).* Oxford.

BÜTTIKOFER, Johann (1888). «Einiges über die Eingeborenen von Liberia». *Internationales Archiv für Ethnographie,* 1: 33-48, 77-88.

CALAND, Willem (1888). *Heber Totenverehrung bei einigen der Indogermanischen Völker.* Ámsterdam. (1896). *Die altindischen Todten- und Bestattungsgebräuche.* Ámsterdam.

CAMPBELL, Archibald (Hon.) (1721). *The Doctrines of a Middle State Between Death and the Resurrection.* Londres. (1816). *A Voyage Round the World.* Edimburgo.

CANDELIER, H. (1893). *Rio-Hacha et les Indiens Goajires.* París.

CARVER, Jonathan (1781). *Travels Through the Interior Parts of North America* (3.ª ed.). Londres.

CASALIS, Eugène (1859). *Les Bassoutos.* París.

CATLIN, George (1842). *Letters and Notes on the Manners, Customs and Condition of the North American Indians.* Nueva York.

CHAILLU, Paul Belloni du (1863). *Voyages et aventures dans l'Afrique équatoriale.* París.

CHATELIN, Louis Numa Hipolite Arthur (1880). «Godsdienst en bijgeloof der Niassers». *TITLV,* 26: 109-167, 573-579.

CLERCQ, Frederik Sigismund Alexander de (1889). «Dodadi Mataoe en Gowa ma-taoe of zielenhuisjes in het district Tobelo op Noord-Halmahera». *Internationales Archiv für Ethnographie, 2*: 204-12.

CODRINGTON, Robert Henry (1891). *The Melanesians.* Oxford.

COLENSO, William (1881-2). «On the Maori races of New Zealand». *TPNZI* 13: 38-57; 14; 3-33.

CRANZ, David (1821). *History of Greenland* (2 vols). Londres.

CRAWFURD, John (1820). *History of the Indian Archipelago* (3 vols.). Edimburgo.

CREAGH, Charles Vandeleur (1897). «On unusual forms of burial by people of the east coast of Borneo». *JRAI,* 26: 33-6. Londres.

CREVAUX, Jules (1882). *Voyages dans l'Amérique du Sud.* Nancy.

CUSHING, Frank Hamilton (1896). «Outlines of Zuni creation myths». *ARBAE,* 13: 321-447. Washington (1897). «Remarks on shamanism». *Proceedings American Philosophical Society,* 36: 183-192.

CUZENT, Gilbert (1872). *Voyage aux îles Gambier.* París.

DANKS, Benjamin (1892). «Burial customs of New Britain». *JRAI,* 21: 348-356.

DARMESTETER, James (trad.) (1892-1893). *Le Zend-Avesta* (3 vols.). París.

DASTRE, Albert (1903). *La vie et la mort.* París.

DECLÉ, Lionel (1898). *Three Years in Savage Africa.* Londres.

DENNETT, Richard Edward (1898). *Notes on the folklore of the Effort.* Londres.

DÉSERT, Charles (1889). *Le livre mortuaire.* Arras.

DIELS, Hermann (1890). *Sybyllinische Blätter.* Berlín.

DIETERLE, Johann Christian (1883). «Gebräuche beim Sterben eines Königs in den Tschiländern der Goldküste». *Ausland,* 56: 754-7

DOBRIZHOFFER, Martin (1784). *Historia de los Abipones* (3 vols.). Resistencia. Chaco .

DODGE, Richard Irving (1883). *Our wild Indians.* Hartford.

DONLEBEN, Lodewijk Frederik (1848). «Bijdragen tot de kennis van het eiland Nias». *TNI,* 10: 171-99.

DUBOIS, Jean Antoine (1899). *Hindu Manners, Customs and Ceremonies.* Oxford.

DUMONT d'Urville, Jules-Sebastian-Cesar (1859). *Histoires générales des voyages.* París.

ELLIS, William (1839). *Polynesian Researches.* Londres.

EPP, Franz (1841). *Schilderungen aus Holländisch Ost-Indiens Archipel.* Heidelberg.

ERMAN, Adolf (1870). «Ethnigraphische Wahrnehmungen und Erfahrungen an den Küsten des Berings-Meeres». *Zeitschrift für Ethnologie,* 2: 369-94. Berlín.

FINSCH, Otto (1885). *Neu-Guinea und seine Bewohner.* Bremen.

FISON, Lorimer (1881). «Notes on Fijian burial customs». *JAI,* 10: 137-49.

FLACHS, Adolf (1899). *Rumänische Hochzeits und Totengebräuche.* Berlín.

FORBES, Henry (1885). *A Naturalist's Wanderings in the Eastern Archipelago.* Londres.

FRAZER, James George (1886). «On certain burial customs as illustrative of the primitive theory of the soul». *JAI,* 15: 64-101 (1890). *The Golden Bough. A Study in Magic and Religion.* Londres (1904). «The origin of circumcision». *Independent Review,* 4: 204-18. Londres.

GABB, William (1875). «On the tribes and languages of Costa Rica». *Proceedings American Philosophical Society,* 14: 483-602.

GODDARD, Pliny Earle (1903-4). «Life and culture of the Hupa». *University of California Publications in American Archaeology and Ethnology,* I: 1-88. Berkeley.

GODDEN, Gertrude (1897). «Nägä and other frontier tribes of northeast India». *JAI,* 26: 161-201.

GOMARA, Francisco López de (1569). *Histoire générale des Indes Occidentales*. París.

GOUDSWAARD, Arend (1863). *De Papoewa's van de Geelvinksbaai*. Schiedam.

GRAAFLAND, Nicolaas (1890). «Die Insel Rote (Rotti)». *Mitteilungen der Geographischen Gesellschaft zu Jena*, 8: 134-168.

GRABOWSKY, Friederich (1884). «Der Distrikt Dusun-Timor in Süd-Ost Borneo und seiner Bewohner». *Ausland*, 57: 444-9, 469-75. (1888). «Die "Olon Lowangan" en Südost Borneo». *Ausland*, 61: 581-4. (1889). «Der Tod, das Begräbnis, das *Tiwah* oder Todtenfest bei den Dajaken». *Internationales Archiv für Ethnographie*, 2: 177-204.

GRAMBERG, Jan Simon Gerardus (1872). «Eene maand in de binnenland van Timor». *Verhandelingen van het Bataviaasch Genootschap van Künsten en Wetenschappen*, 36: 161-217. Batavia.

GRANDIDIER, Alfred (1886). «Des rites funéraires chez les Malagaches». *Revue d'Ethnographie*, 5: 213-32. París.

GROOT, Johann Jacob Maria de (1892-1910). *The Religious System of China* (6 vols.). Leiden.

GUILLAIN, Charles (1845). *Documents sur l'histoire... de Madagascar* (Annales maritimes et coloniales). París.

GUMILLA, José (1758). *Histoire naturelle, civile et géographique de l'Orénoque...* Aviñón.

HAGEN, Bernhard (1883). «Beiträge zur Kenntnis der Battareligion». *TITLV*, 28: 498-545.

HAHN, Karl von (1900). *Bilder aus dem Kaukasus*. Leipzig.

HAIGNERÉ, Daniel (1888). *Des rites funèbres dans la liturgie romaine*. Boulogne-sur-Mer.

HALE, Horatio (1846). *United States Exploring Expedition*. Filadelfia.

HARDELAND, August (1858). *Versuch einer Grammatik der daja-kischen Sprache.* Ámsterdam. *(1859). Dajacksch-Deutsches Wör-terbruch. Ámsterdam.*

HASSELT, Johan van (1891). «Die Papuastämme an der Geelvinks-baai (Neuguinea)». *Mitteilungen der Geographischen Gesellschaft zu Jena,* 10: 1-14.

HAWKESWORTH, John (1773). *An Account of the Voyages Under-taken... in the Southern Hemisphere.* Londres.

HEIJMERING, Geerlof (1843). «Zeden en gewoonten op het ei-land Rottie». *TNI, 6:* 81-98, 353-367.

HENDRICH, Charles (1888). «Bootreisen auf dem Katingan in Süd-Borneo». *Mitteilungen der Geographischen Gesellschaft zu Jena,* 6: 93-110.

HICKSON, Sydney J. (1889). *A naturalist in North Celebes.* Londres.

HOLLIS, Alfred Claud (1905). *The Masai.* Oxford.

HOLM, Gustav (1888). «Ethnologisk skizze af Angmagsaliker-ne». *Meddelelser om Grönland,* 10: 43-182. Copenhage.

HOWITT, Alfred William (1904). *Native tribes of southeast Australia.* Londres.

HUBERT, Henri y Mauss, Marcel (1899). «Essai sur la nature et la fonction du sacrifice». *Année Sociologique,* 2: 29-138. París.

HUMBOLDT, Friedrich Wilheim Heinrich Alexander von (1849). *Ansichte der Natur* (2 vols.). Stuttgart. Tubinga.

JACOBSEN, Johann Adrian (1884). *Reise an der nordwestküste Ame-rikas.* Leipzig.

JUNOD, Henri, A. (1898). *Les Ba-Ronga.* Neuchatel.

KEATING, William H. (1824). *Narrative of an expedition.* Fila-delfia.

KINGSLEY, Mary H. (1897). *Travels in West Africa.* Londres.

KLEINPAUL, Rudolf (1898). *Die Lebendigen und die Toten.* Leipzig.

KLOSS, Cecil Boden (1903). *In the Andamans and the Nicobars.* Londres.

KOCH, Theodor (1900). «Zum Animismus der südamerikanischen Indianer». *Internationales Archiv für Ethnographie,* 13-Supplement.

KOLFF, Dirk Hendrik (trad. George Windsor Earl) (1840). *Voyages of the Dutch Brig of War Dourga.* Londres.

KRAUSE, Aurel (1885). *Die Tlinkit-Indianer.* Jena.

KRIEGER, Maximilian (1899). *Neu Guinea.* Berlín.

KRUYT, Albertus Christiaan (1895). «Een en ander aangaande het geestelijk en maatschappelijk leven van den Poso Alfoer». *Mededeelingen van wege het Nederlandsche Zendeling-genootschap,* 39: 2-36.

KUBARY, Johann (1885a). *Ethnographische Beiträge zur Kenntnis der Karolinischen Inselgruppe und Nachbarschaft.* Berlín. (1885b). «Die Todtenbestattung auf den Pelauinseln». *Original-Mittheilungen aus der Ethnologischen Abteilung der Königlichen Müssen zu Berlin,* 1: 4-11. Berlín. (1886). «Die Verbrechung und das Strafverfahren auf den Pelau Inseln». Orig. Mitt. aus der Ethnol. Abteilung der Königlichen Museen zu Berlin, 1: 77-91. (1888). «Die Religion der Pelauer». (en A. Bastian, *Allerlei aus Voks- und Menschenkunde,* I: 1-169. Berlín).

KÜKENTHAL, Willy (1896-1902). «Ergebnisse einer zoologischen Forschungsreise in den Molukken und Borneo». (*Abhandlungen Senkenbergischen Naturforschenden Gesellschaft,* 22-5.) Fráncfort del Meno.

KURZE, Gustav (1896). «Missionar P. Nilsen-Lunds Reise durch das mittlere Sakalavaland». *Mitteilungen der Geographischen Gesellschaft zu Jena,* 14: 12-47.

LAFITAU, Joseph-François (1724). *Moeurs des sauvages amériquains* (2 vols.). París.

LALANNE, Ludovic (1847). *Curiosités des traditions, des moeurs et des coutumes.* París.

LE BRAZ, Anatole (1893). *La légende de la mort en Basse-Bretagne.* París.

LE GOBIEN, Charles (1700). *Histoire des îles Marianes.* París.

LICHTENSTEIN, Heinrich (1811-12). *Reisen im südlichen Afrika* (2 vols.). Berlín.

LIER, Hendrik van (1901) [notice of communication from]. *Internationales Archiv für Ethnographie,* 14: 216.

LORD, Thomas (1883). «The belief of the Sihanaka with regard to the soul». *Antananarivo Annual,* 2 (7): 93-5.

LOW, Hugh (1848). *Sarawak: its inhabitants and productions.* Londres.

LUMHOLTZ, Carl (1902). *Unknown Mexico* (2 vols.). Nueva York.

MACDONALD, James (1890). «Manners, customs, superstitions and religion of South African tribes», *JAI,* 19: 264-96.

MADAY, N. von Miklucho (1875). «Ethnologische Bemerkungen ueber die Papuas der Maclay-Küste in Neu-Guinea». *Natuurkundig Tijdschrift voor Nederlandsch-Indië,* 36: 66-93.

MAN, Edward Horace (1882). «On the Andamanese and Nicobarese objects presented to Maj.-Gen. Pitt Rivers». *JAI,* 11: 268-90. (1883). «On the aboriginal inhabitants of the Andaman Islands». *JAI,* 12: 69-175.

MARINER, William (1817). *An Account of the Natives of the Tonga Islands* (2 vols.). Londres.

MARTIUS, Carl Friedrich (1867). *Beiträge zur Ethnographie und Sprachenkunde Amerikas zumal Brasiliens* (2 vols.). Leipzig.

MASPERO, Gaston (1875). *Histoire ancienne des peuples de l'Orient classique,* París (1892-1916). *Etudes de mythologie et d'archaeologie égyptiennes* (8 vols.). París.

MATTHES, Benjamin Frederik (1865). *Verslag van een uitstapje naar de Ooster-distrikten van Celebes.* Makassar.

MAUSS, Marcel (1897). «La religion et les origines du droit pénal». *Revue de l'histoire des religions,* 35: 31-60. París.

MEINICKE, Carl Eduard (1875-6). *Inseln des Stillen Oceans* (2 vols.). Leipzig.

MEYER, Adolf Bernhard y Richter, Oswald (1896). «Die Bestattungsweisen in der Minahassa». *Abhandlungen und Berichte des Kon. Zoologischen und Anthropologisch Ethnographischen Museums zu Dresden,* 9, *Ethnogr. Miscellen,* 1 (6).

MODIGLIANI, Elio (1890). *Un viaggio a Nias.* Milán.

MOERENHOUT, Jacques Antoine (1837). *Voyage aux îles du Grand Océan* (2 vols.). París.

MOONEY, James (1888). «The funeral customs of Ireland». *Proceedings American Philosophical Society,* 25: 243-96. (1894). *Siouan tribes of the East.* Washington.

MÜLLER, Salomon (1839-44). «Reis in het zuidoostelijk gedeelte van Borneo». *Verhandelingen van de Natuurlijke Geschiedenis der Nederlandsch overzeesche Bezittingen,* Afdeeling Land- en Volkenkunde: 321-446.

NANSEN, Fridtjof (1894). *Eskimo life.* Londres.

NASSAU, Robert Hamill (1904). *Fetichism in West Africa.* Londres.

NELSON, Edward William (1899). «Eskimo about Bering Strait». *ARBAE,* 18: 19-518.

NEUVILLE, Pere de la (1723). «Lettre... sur l'origine, le pays, et la religion des Guyanois». *Mémoires pour l'Histoire des Sciences et des Beaux Arts,* 29: 443-55. Trévoux.

NIEUWENHUIS, Anton Willem (1907). *Quer durch Borneo* (2 vols.). Leiden.

NUTTALL, Thomas (1902). *Codex Nuttall.* Cambridge, Mass.

OLDENBERG, Hermann (1903). *La religion du Véda.* París.

OWEN, Mary Alicia (1904). *Folklore of the Musquakie Indians.* Londres.

PENNY, Alfred (1887). *Ten Years in Melanesia.* Londres.

PERELAER, M. T. H. (1870). *Ethnographische beschrijving der Dajaks.* Zaltbommel.

PETITOT, Émile (1886). *Traditions indiennes du Canada nord-ouest.* París. (1891). *La région du grand lac des Ours.* París.

PINART, Alphonse (1873). *Esquimaux et Koloches: idées religieuses et traditions des Kaniagmioutes.* París.

PLEYTE, Cornelis Marinus (1885). «Pratiques et croyances relatives au bucéros dans l'Archipel Indien». *Revue d'Ethnographie,* 4: 313-18; 5: 464.

PLÜMACHER, Olga (1888). «Etwas über die Goajra-Indianers». *Ausland,* 61: 41-60.

POWERS, Stephen (1877). «Tribes of California». *Contributions to North American Ethnology,* 3. Washington.

PREUSS, Konrad Theodor (1894). *Die Begräbnisarten der Amerikaner und Nordostasiaten.* Königsberg.

RABEsihanaka (trad. James Sibree) (1877). «The Sihanaka and their country». *Antananarivo Annual* 1 (3): 51-69.

RADDE, Gustav Ivanovitch (1876). *Die Chewsur und ihr Land.* Cassel. «Relation d'une ambassade hollandaise à Bali en 1633». *Histoire Générale des Voyages,* 17. *Reports of the Cambridge Anthropological Expedition to Torres Straits* (6 vols.). Cambridge, 1901-35.

RIBBE, Carl (1892). «Ein Aufenthalt auf Gros-Seram». *Festschrift Verein für Erdkunde,* 22. Dresde.

RICHARDSON, James (1875). «Remarkable burial customs among the Betsileo». *Antananarivo Annual,* 1 (1): 70-75.

RIEDEL, Johan Gerard Friedrich (1886). *De sluik- en kroesharige rassen tusschen Selebes en Papua,* La Haya. (1895). «Alte Gebräuche bei Heirathen, Geburt und Sterbefällen bei dem Toumbuluhstamm in der Minahassa». *Internationales Archiv für Ethnographie,* 8: 89-109.

RINK, Hinrich Johannes (1877). *Danish Greenland, its People and its Products.* Londres.

RIVERS, William Halse (1906). *The Todas.* Londres.

ROCHEFORT, César de (1658). *Histoire naturelle et morale des îles Antilles de l'Amérique*. Róterdam.

ROHDE, Erich (1898). *Psyche* (2.ª ed.). Friburgo.

ROOS, Samuel (1872). «Bijdragen tot de kennis van de taal, land en volk op het eiland Soemba». *Verhandelingen van het Bataviaasch Genootschap van Künsten en Wetenschappen*, 36: 1-160.

ROSENBERG, Carl Benjamin Hermann von (1878). *Des Malayische Archipel*. Leipzig.

ROTH, Henry Ling (1896). *The natives of Sarawak* (2 vols.). Londres, 1903. *Great Benin*. Londres.

ROTH, Walter Edmund (1897). *Ethnological studies among the northwest Queensland aborigines*. Londres.

RUETE, Said (1899). «Der Totenkultus der Barabra». *Globus*, 76: 338-9. Braunschweig.

SAHAGUN, Bernadino de (trad. D. Jourdanet) (1880). *Histoire générale des choses de la Nouvelle-Espagne*. París.

SCHOMBURGK, Richard (1852). *Reisen der Brüder Schomburgk in British Guiana*. Fráncfort del Meno.

SCHOOLCRAFT, Henry Rowe (1853-1856). *Indian Tribes of North America* (5 vols.). Filadelfia.

SCHURTZ, Heinrich (1902). *Alitersklassen und Männerbünde: eine Darstellung der Grundformen der Gelleschaft*. Berlín.

SCHWANER, Carl (1853-1854). *Borneo* (2 vols.). Ámsterdam.

SEIDEL, Heinrich (1896). «Ethnographisches aus Nordost-Kamerun». *Globus*, 69: 273-8.

SELER, Eduard (1902-15). *Gesammte Abhandlungen zur amerikanischen Sprach- und Alterthumskunde* (5 vols.). Berlín.

SHAW, George (1878). «The Betsileo: religions and social customs». *Antananarivo Annual*, 1 (4): 2-11.

SHORTLAND, Edward (1882). *Maori Religion and Mythology*. Londres.

SIBREE, James (1880). *The Great African Island.* Londres.

SIEVERS, Wilhelm (1887). *Reise in der Sierra Nevada de Santa Marta.* Leipzig.

SIMONS, Frederick (1885). «An exploration of the Goajira Peninsula, U.S. of Colombia». *Proceedings Royal Geographical Society,* n.s. 7: 781-96. Londres.

SMIRNOV, Ivan Nikolaevitch (trad. Paul Boyer) (1898). «Les populations finnoises des bassins de la Volga et de la Kama». *Publications de l'École des Langues Orientales Vivantes,* IV sérié, 8. París.

SOLOMON, Viola (1902). «Extracts from diaries kept in Car Nicobar». *JAI,* 32: 202-38.

SOMERVILLE, Boyle (1897). «Ethnographical notes in New Georgia, Solomon Islands». *JAI,* 26: 357-412.

SPENCER, Baldwin y Gillen, Francis James (1899). *Native Tribes of Central Australia,* Londres. (1904). *Northern Tribes of Central Australia.* Londres.

SQUIER, Ephraim George (1850). *Aboriginal Monuments of the State of New York.* Washington.

STANDING, Henry (1883). «Malagasy "Fady"». *Antananarivo Annual,* 2 (7): 62-80.

STEINEN, Karl von den (1894). *Unter den Naturvölken Zentral-Brasiliens.* Berlín.

STEINMETZ, Sebald Rudolf (1892). *Ethnologische Studien zur ersten Entwicklung der Strafe.* Leiden. *(1896). Der Endokannibalismus.* Viena.

STEVENSON, Matilda Coxe (1894). «The Sia». *ARBE,* 11: 9-157. (1904). «The Zuni Indians». *ARBAE,* 23: 1-634.

STEVENSON, Robert Louis (1900). *In the South Seas.*

STRAUSZ, Adolf (1898). *Die Bulgaren: ethnographische Studien.* Leipzig.

STUHLMAN, Franz (1894). *Mit Emin Pascha ins Herz von Afrika.* Berlín.

SWAN, James Gilchrist (1857). *The North-West Coast.* Nueva York. (1868). «The Indians of Cape Flattery». *Smithsonian Contributions to Knowledge,* 16: 1-106. Washington.

TAYLOR, Richard (1870). *Te ika a Maori.* Londres.

TERNAUX-COMPANS, Henri (1840). *Recueil de documents et mémoires originaux sur l'histoire des possessions espagnoles dans l'Amérique.* París.

THEAL, George McCall (1897). *Records of the Cape Colony.* Londres.

THOMAS, Cyrus (1894). «Report on the mound explorations of the Bureau of Ethnology». *ARBE,* 12: 1-742.

TREGEAR, Edward (1890). «The Maoris of New Zealand». *JAI,* 19: 97-123.

TROMP, Solco Walle (1877). «Die Begräbnis bei den Sihongern». *Berichte der Rheinischen Missions-gesellschaft.* (1888). «Uit de Salasila van Koetei». *Bijdragen tot de Taal-, Land- en Volkenkunde van Nederlandsch-Indië,* 37: 1-108.

TURNER, George (1884). *Samoa.* Londres.

TURNER, Lucien (1894). «Ethnology of the Ungava district». *ARBE,* 11: xli-xliii.

TUUK, Hermanus Neubronner van der (1861). *Bataksch-Neder-duitsch Woordenboek.* Ámsterdam.

TYLOR, Edward Burnett (1876-8). *La civilisation primitive* (2 vols.). París. (1903). *Primitive Culture* (4.ª ed.). Londres.

VEGA, Garcilaso de la (1609). *Comentarios Reales de los Incas.* Lisboa.

VENJAMINOV, Ivan (trad. Erman) (1849). «Les îles Aléoutes et leurs habitants». *Nouvelles Annales des Voyages,* 124: 112-48. París.

VERGUET, Léopold (1885). «Arossi ou San-Christoval et ses habitants». *Revue d'Ethnographie,* 4: 193-232.

VETH, Johannes (1856). *Borneo's Wester-afdeeling* (2 vols.). Zaltbommel.

VOTH, Henry (1905). «The traditions of the Hopi». *Field Columbian Museum of Natural History, Anthropological Papers,* 8: 1-319.

WAGNER, Moritz y Scherzer, Carl (1856). *Die Republik Costa-Rica.* Leipzig.

WEBSTER, Herbert Caley (1898). *Through New Guinea and the Cannibal Countries...* Londres.

WELLS, Roger y Kelly, John (1890). «English-Eskimo and Eskimo-English vocabularies». *Bureau of Education Circular of Information, 2:* 1-72. Washington.

WHITE, John (1887-90). *Ancient History of the Maori, His Mythology and Traditions* (6 vols.). Wellington.

WILKEN, George Alexander (1884-1885). *Het animisme bij de volken van den Indischen Archipel* (2 parts.). Ámsterdam-Leiden [reimpreso por: *Indische Gids,* 6 (1): 925-1001; (2): 19-101; 7 (1): 13-59, 191-243.] (1886-7). «Ueber das Haaroufer und einige andere Trauergebräuche bei den Volkern Indonésiens». *Revue Coloniale,* 3: 225-79; 4: 345-426. (1889). «Iets schedelvereering bij de volken van den Indischen Archipel». *Bijdragen tot de Taal-, Land- en Volkenkunde van Nederlandsch-Indië,* 38: 89-129.

— y Schwarz, Johannes Albert (1867). «Allerlei overt het land en volk van Bolaàng Mongoudou». *Mededeelingen Nederlandsche Zendelinggenootschap,* 11: 285-400.

WILLIAMS, Thomas y Calvert, James (1858). *Fiji and the Fijians, the Islands and Inhabitants* (2 vols.). Londres.

YARROW, Harry Crécy (1881). «A further contribution to the study of the mortuary customs of the North American Indians». *ARBE,* 1: 87-203.

La preeminencia de la mano derecha

BALDWIN, James Mark (1897). *Développement mental dans l'enfant et dans la race.* París.

BEST, Elsdon (1897). «Tuhoe Land». *TPNZI* 30: 33-41. (1898a). «Omens and superstitious beliefs of the Maoris». *JPS* 7: 119-36, 233-43. (1898b). «The art of the Whare Pora». *TP-NZI* 31: 625-58. ((1901). «Maori magic». *TPNZI* 34: 69-98 (1902). «Notes on the art of war as conducted by the Maori of New Zealand». *JPS* 11: 11-41, 47-75, 127-62, 219-46. (190). «Notes on the custom of *rahui*». *JPS* 13: 83-8 (1905a). «Maori eschatology». *TPNZI* 38: 148-239. (1905b). «The lore of the Whare-Kohanga (Part 1». *JPE* 14: 205-15. (1906). «The lore of the Whare-Kohanga». *JPS* 15: 1-26, 147-65, 183-92.

BIERVLIET, Jules-Jean van (1899). «L'homme droit et l'homme gauche». *Revue Philosophique* 47: 113-43, 276-96, 371-89.

BOKHÂRI, El (trad. Octave Houdas «5c W. Marcias) (1903-1908). *Les traditions islamiques.* París.

BRINTON, Daniel (1896). «Lefthandedness in North American aboriginal art». *AA* 9: 173-81.

BRUGMANN, Karl (1888). «Lateinische Etymologien». *Rheinisches Museum für Philologie* 43: 399-404.

BÜCHER, Carl (1897). «Arbeit und Rhythmus». *Abhandlungen der Königlich Sächsischen Gesellschaft der Wissenschaften* 39, n.º 3. Leipzig.

BURCKHARDT, John Lewis (1830). *Arabic Proverbs.* Londres.

BUYSE, Omer (1908). *Méthodes américaines d'éducation générale et technique.* París.

CALAND, Willem (1898). «Een Indogermaansch Iustratie-gebruik». *Vérslagen en Medeleelingen der Koninklijke Akademia van Wetenschappen,* Afd. Letterkunde 4.ª ed, 2: 273-323. Ámsterdam. (1900). «Altindisches Zauberritual». *Verhandelingen der Koninklijke Akademia van Wetenschappen,* Alf. Letterkunde, nieuw reeks 3, n.º 2. Ámsterdam.

COLENSO, William (1868). «On the Maori races of New Zealand». *TPNZI* 1 (separate pagination).

CRAWLEY, Ernest (1902). *The Mystic Rose. A Study of Primitive Marriage.* Londres. Cushing, Frank Hamilton (1883). «Zuni fetishes». *ARBE* 2: 1-43. (1892). «Manual concepts: a study of the influence of hand-usage on culture-growth». *AA* 3: 289-317.

DAREMBERG, Charles Victor y Saglio, Edmond (1873). *Dictionnaire des antiquités grecques et romaines.* París.

DARMESTETER, James (1879). *Zend-Avesta.* Londres.

DENIKER, Joseph (1900). *Races et peuples de la terre.* París.

DIDRON, Alphonse Napoléon (1843). *Iconographie chrétienne: histoire de Dieu.* París.

DIEZ, Friedrich Christian (1878). *Etymologisches Wörterbuch der romanischen Sprachen.* Bonn.

DOUTTÉ, Edmond (1909). *La société musulmane du Maghrib: magie et religion dans l'Afrique du nord.* Argel.

DURKHEIM, Émile (1898). «La prohibition de l'inceste et ses origins». *Année Sociologique* 1 (1896-7): 1-70. París.

— y Mauss, Marcel (1903). «De quelques formes primitives de la classification». *Année Sociologique* 6 (1901-2): 1-72. París.

ERMAN, Adolf (1873). *[Comment on Meyer 1873.] Vérhandlungen der Berliner Gesellschaft für Anthropologie, Ethnologie und Urgeschichte,* p. 36. Berlín.

EYLMANN, Erhard (1909). *Die Eingeborenen der Kolonie Süd-Australiens.* Berlín.

GERHARD, Eduard (1847). *Ueber die Gottheiten der Etrusker.* Berlín.

GILL, William Wyatt (1876). *Myths and Songs from South Pacific.* Londres.

GOLDIE, William (1904). «Maori medical lore». *TPNZI* 37: 1-120.

GRIMM, Jacob Ludwig Carl (1818). *Geschichte der deutschen Sprache* (2 vols.). Leipzig.

GUDGEON, Walter Edward (1903) «Maori religion». *JPS* 14: 107-30.

HAMELIN, Octave (1907). *Essai sur les éléments principaux de la représentation.* París.

HOFMANN, Franz (1870). «Ueber den Verlobungs- und den Trauring». *Sitzungsberichte der Kaiserlichen Akademia der Wissenschaften, Phil.-Hist. Klasse* 65: 825-63. Viena.

JACKSON, John (1905). *Ambidexterity. Two-mandedness and Two-brainedness, an Argument for Natural Development and Rational Education.* Londres.

JACOBS, Jacob (1892). *Onze rechthandigheid.* Ámsterdam.

JAMIESON, John (1808). *Etymological Dictionary of the Scottish Language.* Edimburgo.

KRUYT, Albertus Christiaan (1906). *Het animisme in den Indischen Archipel.* La Haya.

LANE, Edward William (1836). *Modern Egyptians.* Londres.

LARTIGUE, Hippolyte de (1851). «Rapport sur les comptoirs de Grand-Bassam et d'Assinie». *Revue Coloniale,* 2.ª serie, 7: 329-73.

LEONARD, Arthur Glyn (1906). *The Lower Niger and its Tribes.* Londres-Nueva York.

LIDÉN, Evald (1906). «Armenische Studien». *Göteborgs Högskolas Arsskrift* 12.

LIERSCH, Ludwig Wilhelm (1893). *Die Linke Hand: eine physiologische und medizinisch praktische Abhandlung.* Berlín.

LOMBROSO, Cesare (1903). «Lefthandedness». *North American Review,* 177-440.

LYDON, Frederick (1900). *Ambidextrous and Free-arm Blackboard Drawing and Design.* Londres.

McGEE, William (1900). «Primitive numbers». *ARBAE* 19: 821-51.

MÂLE, Émile (1898). *L'art religieux du XIIIe siècle en France.* París.

MALLERY, Garrick (1881). «Sign-language among the North-American Indians». *ARBE* 1: 269-552.

MARTÈNE, Edmond (1736-7). *De antiques Ecclesiae ritibus* (3 vols.). Antwerp.

MEILLET, Paul Jules Antoine (1906). *Quelques hypothèses sur des interdictions de vocabulaire dans les langues indo-européennes.* Chartres.

MEYER, Georg Hermann von (1873). «Ueber den Ursprung von Rechts und Links». *Verhandlungen der Berliner Gesellschaft für Anthropologie, Ethnologie und Urgeschichte* 5: 2534.

NISSEN, Heinrich (1906-10). *Orientation: Studien zur Geschichte der Religion* (3 vols.). Berlín.

PICTET, Adolphe (1859-63). *Les origines indo-européennes* (2 vols.). París.

POTT, Augustus Friedrich (1847). *Die quinare und vegisimale Zählmethode bei Völkern aller Welttheile.* La Haya.

ROLLET, Etienne (1889). «La taille des grands singes». *Revue Scientifique* 44: 196-201.

ROTH, Henry Ling (ed.) (1899). «Notes on the Jekris, Sobos and Ijos of the Warri District of the Niger Coast Protectorate». *JAI* 28: 104-26.

SCHRADER, Otto (1901). *Reallexicon der indogermanischen Alterstumskunde.* Estrasburgo.

SCHURTZ, Heinrich (1900). *Urgeschichte der Kultur.* Leipzig-Viena.

SIMPSON, William (1896). *The Buddhist Praying-wheel*. Londres-Nueva York.

SITTL, Carl (1890). *Die Gebäarden der Griechen und Römer*. Leipzig.

SMITH, Stephenson Percy (1892). *Futuna: Horne Island and its People, Western Pacific*. JPS 1: 33-52.

SPENCER, Baldwin y Gillen, Francis James (1904). *Northern Tribes of Central Australia*. Londres.

SPIETH, Jakob (1906). *Die Ewe-Stämme*. Berlín.

TREGEAR, Edward (1904). *The Maori race*. Wanganui, N.Z.

USENER, Hermann (1896). *Götternamen*. Bonn.

VALETON, Isaac Marinus Josue (1889). «De modis auspicandi Romanorum». *Mnemosyne* 17: 275-325.

WALDE, Alois (1905-6). *Lateinisches Etymologisches Wörterbuch*. Heidelberg.

WELLHAUSEN, Julius (1897). *Reste des arabischen Heidenthums*. Berlín.

WHITE, John (1887-90). *Ancient History of the Maori. His Mythology and Traditions* (6 vols.). Wellington.

WILSON, Daniel (1891). *Lefthandedness*. Londres.

ZELLER, Eduard (1876). *Die Philosophie der Griechen*. Leipzig.